혁신
다이내믹스
Innovation Dynamics 2.0
2.0

CONTENTS

맺음말

저자

반갑습니다.
김수영 교수입니다.

김수영교수는 현재 포스텍(포항공과대학교) 인문사회학부 경영분야 교수로 재직 중이다. 서울대 기계공학 학사, KAIST 생산공학 석사, 미국 UC Berkeley 산업공학과 박사를 거쳐서, 미국 Rutgers대학 산업공학과, 포스텍 산업경영공학과, 기술경영대학원, 창의IT융합공학과 교수를 역임하였다. 다수의 국내 대기업들에서 혁신과 관련된 연구과제, 자문, 교육을 수행하여 왔다. 주요 관심분야는 '더 큰 가치를 제공하는 새로운 길', 즉 혁신에 대한 것이다.
평택에서 작은 농장을 가꾸고 있다.

안녕하세요.
조유정 교수입니다.

조유정교수는 현재 포스텍 인공지능연구원 융합경영연구센터 연구
교수로 재직중이다. 성균관대학교에서 Smart City를 전공으로 공
학박사학위를 받았다. 공학박사이자 연구자이지만 비즈니스에 대한
열정으로 실제로 스타트업에 도전한 이력이 있다. 스타트업을 창업
하면서 경영과 마케팅에 심취해, MBA에 진학을 하기도 했다.
'삶의 질'에 대한 모든 분야가 관심의 대상이다.
평택 농장의 부농장장이기도 하다.

Roald Amundsen은 인류 최초로 남극에 도착한 탐험가이다.
그는 어머니의 소원을 따라서 21세까지 의사가 되기 위한 공부를 하다가, 어머니가 돌아가시자 바로 대학을 자퇴하고 바다로 향했다.
그에게 동기부여를 한 것은 한 권의 책이었는데, John Franklin경의 극지 탐험에 대한 구술서였다. Amundsen은 "이 책이 나의 일생을 결정한 것이었다."라고 남겼다.

책을 쓴다는 것은 쉬운 일이 아니다.
열정이 가는 주제가 있고, 그에 대한 강한 도전의식과 탐구욕이 있어야 한다. 그리고 자신이 알게 된 것들을 다른 사람들이 알 수 있게 표현할 수 있는 능력이 필요하다. 체득한 것을 글로 담기 위해서는 자신의 지식 뿐만 아니라 남들이 이미 제안하고 입증한 지식을 활용할 줄 알아야 하고, 어느 수준의 경험이 있어야 한다. 이미 존재해온 것들과 새로운 것들이 만나서 시너지를 내야 하고, 무엇보다 독자들에게 흥미와 더불어서 유용한 무엇인가를 제공해야 한다.

남극 탐험에 비해서는 쉽지만, '저술'은 여전히 어려운 일이다.

특히나 주제가 '혁신'인 경우는 더욱 어렵다. 혁신이라는 일 자체가 실패의 확률이 성공보다 훨씬 큰 리스크를 안고 있고, 초기에는 성공한 케이스로 보였지만, 시간이 지나고 보면 실패로 끝나는 경우들이 대다수이기 때문이다.

혁신은 마치 Amundsen의 남극 탐험과도 같다. 험난한 여정과 거대한 불확실 속에서 매 순간마다 위기가 찾아온다. 비록 남극 탐험에서처럼 생명을 걸지는 않지만, 한번의 실패로 엄청난 대가를 치루어야 한다. 혁신을 모두가 어려워하고 두려워하는 이유이다. 참고할 문헌은 많지만, 옥석을 가리기는 쉽지 않다.

이 책은 '혁신 다이내믹스'의 두번째 버전으로, 혁신적 비즈니스 모델을 구상하기 위한 새로운 지식과 모델을 제시하고자 쓰여졌다. 2.0 버전에 걸맞게 2명의 저자가 힘을 합하여 장시간의 연구와 토론, 그리고 잠을 설친 고뇌로 탄생하였다. 그 과정에는 포스코ICT의 후원도 함께 하였고, 손건재사장님과 모든 분들께 깊은 감사를 드린다. 더불어서 한올출판사 임직원들, 연구를 도와준 포스텍의 김채현 학생과 강주은 학생에게도 감사를 보낸다.

혁신에 관심이 있는 모든 분들께 드립니다.

2020년 11월 저자들 배상

https://en.wikipedia.org/wiki/Roald_Amundsen

1 Innovation Shortcuts

혁신의 지름길

혁신 Innovation

혁신

혁신이란 "더 큰 가치를 제공하는 새로운 길(A novel way to deliver the higher value)을 찾는 일"이다. 기존의 가치를 뛰어넘는 가치를 새로운 길(제품이나 서비스, 프로세스, 마켓, 그리고 비즈니스모델)을 통해서 제공하고자 하는 모든 노력을 말한다. 혁신은 하버드 경영대학의 고 크리스텐슨교수가 강조한대로 세상을 변화시키는 원동력이자 조직 성장의 핵심역량이다.

모든 조직들이 일관되게 추구하는 목표는 더 큰 리턴(Return)이다. 투입되는 자본과 자원에 대해서 되돌아 오는 리턴이 더 커지기를 원한다. 단순히 재무적 리턴(매출, 이익, 주가 등)만이 아니라 비재무적 리턴(크기, 범위, 평판, 브랜드, 기여도, 지속가능성 등)도 포함된다. 이를 위해서 조직에는 반드시 혁신이 필요하다.

혁신을 통해서 수많은 조직들이 성장하고 성공해 왔으나, 그 이면에는 혁신의 오류와 실패로 인해서 수많은 조직들이 사라져 갔다. 나의 조직은 지금 현재, 그리고 가까운 미래에 어떤 쪽에 속할 것인가? 우리의 혁신은 과연 제대로 가고 있는가? 성공적인 혁신으로 향하기 위해서는 어떻게 출발해서 어디로 나아가야 하는가?
이들이 이 책에서 다루고자 하는 질문들이다.

"좋은 이론을 통해서 우리가 세상을 변화시키고 전 세계에 걸쳐서 기회를 발굴할 수 있다고 저는 믿습니다.
첫째로 할 일: 혁신입니다."
"Armed with good theory, I truly believe we can change the world and unlock opportunity across the globe. **Step 1: innovate.**"

Professor Clayton M. Christensen, 1952 - 2020

혁신의 지름길

많은 사람들이 혁신에 대해서 다음과 같은 고정관념을 가지고 있다. "혁신은 새로운 것을 찾아서 새로운 길을 가는 것이다." 과연 그럴까?

'발명왕' Thomas Edison은 역사상 개인으로서 최대인 1,093건의 특허를 받았다. 그러나 실제 그가 이전에 없던 새로운 기술을 발명한 것은 유일하게 축음기에 대한 것 뿐이다. 나머지 특허들은 모두 기존 발명품들의 성능을 고도화시킨 실용신안특허이다. 그는 다음과 같은 유명한 말을 남겼다. "나는 세상이 필요로 하는 것을 먼저 찾아내고, 그 후에 그를 위한 발명을 하였다." (I found out what the world needs, then I proceed to invent it.) 그는 진정한 혁신가이자 혁신 지름길의 대가였다.

MS의 창업자인 Bill Gates는 PC의 운영체제(OS)를 개발하지 않았다. 대신에 그는 QDOS(Quick and Dirty Operating System)의 권리를 7만5천달러에 구입하여 개선한 후에 IBM에 공급했다. 그의 혁신 전략은 '새로운 OS의 제공'이 아니라, '안정적인 OS를 빠르고 싸게 제공'하는 것이었다. 경쟁자가 PC 한 대당 240달러를 요구할 때, 그는 40달러에 공급하여, 결국 거의 모든 PC가 MS-DOS를 쓰게 만들었다. 혁신의 지름길을 택한 것이다.

우리의 혁신 정의는: "더 큰 가치를 제공하는 새로운 길을 찾는 것"이다.

제품이나 서비스가 반드시 새로운 가치이어야만 하는 것도 아니고, 새로운 방식을 통해서만 혁신을 해야 하는 것도 아니다. 중요한 것은 "가치를 어떻게 새롭게 제공할 것인가?"의 답을 찾는 것이다. 따라서 우리의 관심사는 **"가치 제공의 새로운 길"**(A novel way to deliver value)에 있다. 새로운 가치라면 더 좋을 것이다. 새로운 프로세스와 마켓이라도 좋다. 그리고 가장 좋은 것은 새로운 비즈니스모델(Business Model)을 통한 것이다.

이를 위한 '혁신의 지름길'을 찾아 보자.

지름길과 패턴

지름길이란 원하는 목적지까지 가장 쉽고 빠르게 갈 수 있는 길이다. 여기저기를 무작정 돌아가는 길이 아닌, 가능한한 최소의 비용과 시간을 들여서 목적하는 곳에 도달하는 것이다. 그를 위해서 우리에게 필요한 조건이 있다면 그것은 "지름길이 가지는 패턴"을 이해하는 것이다.

패턴(Pattern)이란 "어떠한 것이 수행되거나, 조직되거나, 발생하는 특정한 방식"을 말한다. (https://dictionary.cambridge.org) 해가 매일 동쪽에서 뜨는 것은 하나의 패턴이다. 이 패턴 덕분에 일출을 보기 위해서 어디를 향해야 하는지 알 수 있다. 지름길도 이와 유사하게 상황에 따른 특성과 패턴이 있다. 이를 잘 알고 목적지를 찾아가면 다른 길을 택해서 가는 것에 비해서 쉽고 빠르게 도착할 확률이 높아진다.

혁신의 지름길이 가지는 패턴들, 특히 "성공 가능성이 높은" 패턴들은 어떤 특성을 가지고 있을까?

패턴의 구조

혁신 지름길의 패턴을 정의하기 위해서 우리는 3가지의 요소들로 구성된 '혁신 패턴 Framework'을 제안하고자 한다. 이 Framework은 다음 3가지 요소들로 구성된다:

Drivers

혁신의 초기에 원동력이 무엇인가를 설명하는 요소로, 혁신 과제의 출발점에서 어떤 동인이 가장 크게 작용하는 가를 말한다.

Focuses

혁신 아이디어가 발생하는 핵심 영역이 어디인가를 의미하는 요소로 이 영역에서 도출된 아이디어를 중심으로 다른 영역으로 확장해 나간다.

Features

혁신이 추진되는 경로나 방향에서 나타나는 고유의 특징을 말한다. 혁신 과제가 가지는 고유의 패턴이 이 요소들의 결합으로 분명해 진다.

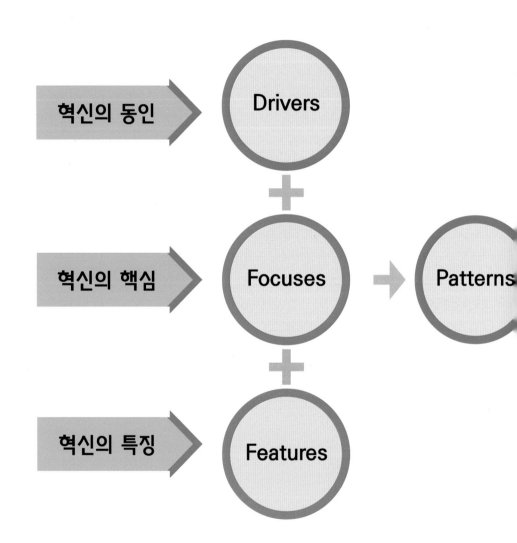

혁신 Drivers

골프에서 드라이버는 티샷에서 쓰이는 핵심 장비이다. 드라이버가 잘 맞아야 그 홀에서 좋은 스코어를 낼 확률도 높아진다. 마찬가지로, 혁신에서도 드라이버, 즉 혁신을 추진하는데 가장 큰 동인을 제공하는 요소가 성과를 내는데 결정적인 역할을 한다.

〈혁신 Drivers〉는 한 마디로, "혁신을 추진하는 시발점" 혹은 "혁신을 주도하는 핵심 전략"이라고 할 수 있다. 왜, 어떤 것을 애초에 염두에 두고서 혁신을 하게 되었는가를 의미한다.

예를 들어서, 혁신의 최초 동기가 마케팅에서 파악한 고객의 중요하고 시급한 요구를 만족시키는 것이라고 한다면, '고객 요구를 만족하는 가치'가 혁신 Driver가 될 것이다. 혹은 기업의 프로세스가 업그레이드 되어 새로운 기능과 품질의 제품이 등장한다면, 그 원동력인 '향상된 자원'이 Driver가 된다.

혁신 Drivers에 대해서 2장에서 알아 보기로 하자.

혁신의 드라이버는 혁신의 여정을 주도하는 핵심 전략이자 동인이라고 할 수 있습니다.

혁신 Focus

혁신의 기술주도(Technology-Driven)와 시장주도(Market-Driven)는 오랜 시간 연구자들 사이에서 비교와 논쟁의 주제였다. 그러나, 어느 쪽이 더 나은지는 여전히 미지수이다. 결론은, "상황에 따라서 다르다"이다. 중요한 논쟁의 대상은 기술이냐 시장이냐가 아닌, 혁신을 주도하는 핵심, 즉 Focus가 어디에 있는가이다. 그에 따라서 상황이 달라지기 때문이다.

〈혁신 Focus〉는 한 마디로, "혁신의 주춧돌" 혹은 "혁신을 주도하는 핵심 영역"이라고 할 수 있다. 어떤 영역에서 아이디어나 주제를 설정하고, 그를 중심으로 이후의 연관된 영역으로 확장했는가를 보는 것이다.

예를 들어서, 혁신의 Driver가 '고객 요구를 만족하는 가치'라면, 혁신 Focus의 한 영역은 가치제안(Value Proposition)이 될 것이다. 이 영역에서 탄생한 솔루션 아이디어가 다른 영역의 내용으로 확장되고, 그 내용의 차이에 따라서 상황과 패턴이 결정되게 된다.

혁신 Focus에 대해서 3장에서 알아 보기로 하자.

혁신의 Focus는 혁신의 출발점을 선택하고 거기서의 아이디어가 다른 인접 영역으로 확산되게 만드는 중요한 역할을 합니다.

혁신 Features

Features는 혁신의 패턴이 가지는 고유의 특성을 말한다. 각 패턴마다 특정한 포맷과 내용이 존재하고, 이들의 구성에 따라서 혁신의 경로가 조금씩 달라지게 된다. 패턴의 모든 가능한 특성들을 도출하는 대신에, 대표적이거나 시대적으로 유의미한 특성들을 선택해서 소개하고자 한다.

〈혁신 Features〉는 한 마디로, "혁신의 특징" 혹은 "혁신을 대변하는 특성"이라고 할 수 있다. 하나의 패턴이 가지는 대표적인 특성을 요약 정리한 것이다.

예를 들어서, 혁신 Focus가 가치제안(Value Proposition)인 경우에 그 아이디어의 특성과 또한 가치제안과 직접 연관된 영역의 내용들에 대한 특성이 될 것이다. 이 영역들이 가지는 특성들이 앞서의 Driver-Focus와 더불어서 혁신 패턴을 대표하게 된다.

혁신 Features와 패턴에 대해서 4장에서 알아 보기로 하자.

혁신 Template

혁신의 Driver-Focus-Feature로 구성된 패턴을 이용하여 새로운 템플릿을 제공하고자 한다. Alex Osterwalder가 제안한 Business Model Canvas의 9 블록모델을 조금 더 단순화한 7 블록모델이 그것이다. 여기서 제안하는 7Block Business Model Template ('7Block BMT')는 다음의 요소들로 구성된다:

Target Opportunity(TO): 고객의 요구 만족이나 문제 해결 기회
Marketing Strategy(MS): 마케팅의 전략적 선택지들
Value Proposition(VP): 고객에 대한 가치제안
Key Activities(KA): 가치제안을 위한 핵심활동
Key Resources(KR): 가치제안을 위한 핵심자원
Partner Relationship(PR): 파트너들과의 협력관계
Profit Model(PM): 이익을 내는 수익구조

4장에서 7Block BMT를 통해서 각 혁신 패턴에 대한 설명과 함께 어떻게 혁신 패턴들이 새로운 비즈니스 모델을 만드는 것과 연결될 수 있는지를 설명한다.

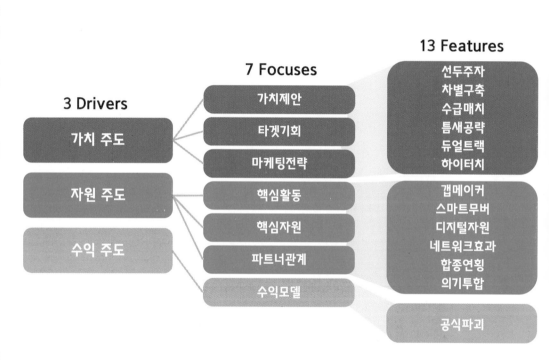

7Block BMT

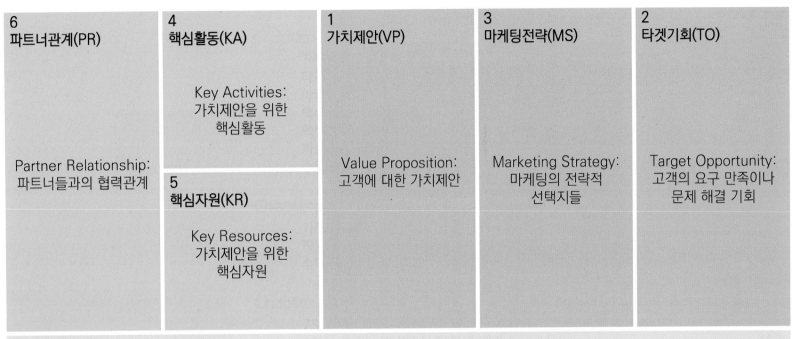

6 파트너관계(PR)

Partner Relationship:
파트너들과의 협력관계

4 핵심활동(KA)

Key Activities:
가치제안을 위한
핵심활동

5 핵심자원(KR)

Key Resources:
가치제안을 위한
핵심자원

1 가치제안(VP)

Value Proposition:
고객에 대한 가치제안

3 마케팅전략(MS)

Marketing Strategy:
마케팅의 전략적
선택지들

2 타겟기회(TO)

Target Opportunity:
고객의 요구 만족이나
문제 해결 기회

7 수익모델(PM)

Profit Model: 이익을 내는 수익구조

혁신 방법론

혁신의 패턴과 7Block BMT의 최종 목적은 이들을 활용하여 혁신 아이디어를 도출하고 빠르게 비즈모델을 만들기 위한 것이다. 이를 위한 방법론을 '7Step BMP'(Business Modeling Process)라고 명명하고, 크게 다음의 3 단계가 있다:

Driving 단계:

애초에 "어떤 Driver로 출발할 것인가?"의 답을 찾는다. 다음 장에 소개될 3가지 대표적 Drivers에서 하나를 선정하게 된다.

Focusing 단계:

Driver에 해당하는 Focuses중에서 한 영역을 선택하여 "어떤 아이디어/전략을 중심으로 혁신을 추진할 것인가?"를 결정한다. 3장에서 소개될 7가지 영역 중에서 선정한다.

Featuring 단계:

Focus의 내용에 따라서 연관된 다른 영역들에 대한 내용들을 채워나간다. 4장의 다양한 패턴들을 참고한다.

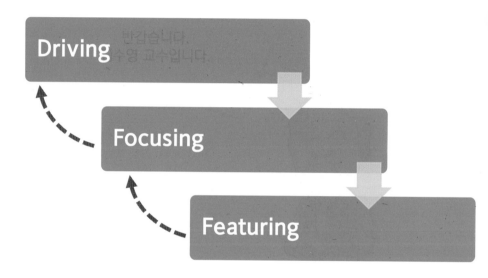

혁신의 Masters

혁신의 Master들이 남긴 많은 명언들 중에서 이 책에서 제안하려고
하는 내용과 일맥상통하는 몇가지를 소개한다:

"아이디어가 누구 것인지에 매달리지 마십시오. 최고의 것을 고르고,
출발하세요."
-애플 창립자 스티브 잡스

"나는 많은 사람들이 불만을 갖는 것에 감사한다. 다른 사람들이 불
평 불만할 때가 당신에게는 기회다."
-알리바바 창립자 마윈

"리더로서 내가 할 일은 사내 모든 직원들이 좋은 기회를 가질 수 있
도록 해주는 것이다. 또한 그들이 의미있는 활동을 하고 사회 이익에
기여할 수 있도록 하는 것도 내 일이다."
-구글 창립자 래리 페이지

"가장 큰 위험은 위험을 감수하지 않는 것이다. 세상은 너무나 빨리
변하기 때문에 위험을 감수하지 않는 건 곧 실패로 이어진다."
-페이스북 창립자 마크 주커버그

"실패는 옵션 중에 하나다. 실패가 없다는 건 혁신이 충분하지 않다
는 뜻이다."
-테슬라 CEO 일론 머스크

3 Innovation Drivers

Value-Driven Innovation
Resource-Driven Innovation
Profit-Driven Innovation

혁신의 3가지 드라이버

가치주도 혁신

자원주도 혁신

수익주도 혁신

혁신 드라이버

혁신 드라이버는 크게:
가치주도(Value-Driven)
자원주도(Resource-Driven)
수익주도(Profit-Driven)의 3가지 타입으로 나눌 수 있다.

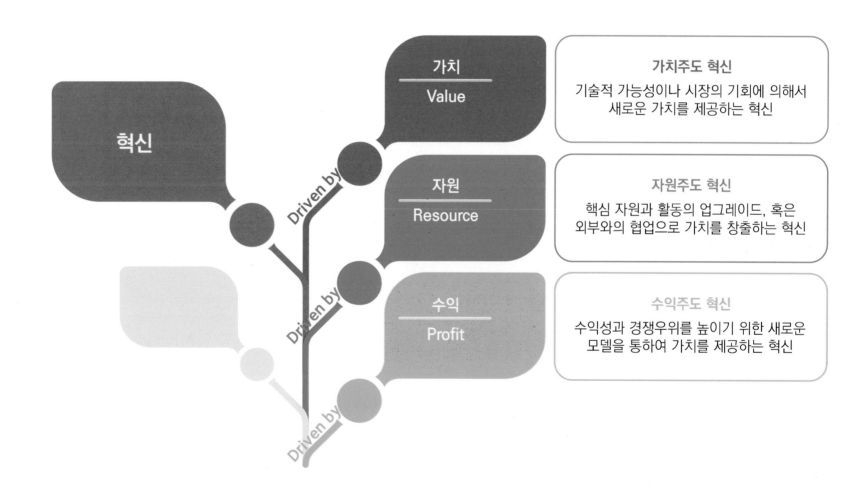

혁신

가치
Value

가치주도 혁신
기술적 가능성이나 시장의 기회에 의해서
새로운 가치를 제공하는 혁신

자원
Resource

자원주도 혁신
핵심 자원과 활동의 업그레이드, 혹은
외부와의 협업으로 가치를 창출하는 혁신

수익
Profit

수익주도 혁신
수익성과 경쟁우위를 높이기 위한 새로운
모델을 통하여 가치를 제공하는 혁신

Driven by

Driven by

Driven by

Value–Driven Innovation

가치주도 혁신

가치주도 혁신

어떤 가치를 제공할 것인가?

이 질문에서 출발하여 새로운 가치를 창출하거나 기존의 가치를 업그레이드함으로써 전체 혁신의 패턴(Pattern)이 결정되는 것이 가치주도 혁신(Value-Driven Innovation, 이하 VDI)이다.

VDI는 주로 기술적 가능성과 시장의 니즈(Needs)나 통찰(Insight) 사이의 교차점에서 파악된 혁신 기회를 대상으로 내부 핵심역량과 외부 환경요인을 고려하여 적절한 가치제안 디자인, 타겟기회 포착, 마케팅전략 수립을 통하여 추진된다.

VDI의 세가지 포커스(Focus)를 생각해볼 수 있는데,
포커스 1: 가치제안을 중심으로 출발 ('가치제안 중심 VDI')
포커스 2: 타겟기회의 니즈를 중심으로 ('타겟기회 중심 VDI')
포커스 3: 마케팅전략을 중심으로 ('마케팅전략 중심 VDI')
가 있다.

가치제안 중심(VP-Focus) VDI 사례: Tesla

Tesla는 전기모터, 배터리, 제어기술 등 성숙한 기술과 태동하기 시작한 시장의 친환경 니즈의 교차점에서 '자동차 산업의 새로운 패러다임 제시'라는 혁신 기회에서 출발하였다. 이를 위한 '고성능 친환경 Vehicle 제공'이라는 새로운 가치제안을 통해서 VDI를 성공적으로 추진하였다.

수익모델이 장기간 마이너스 리턴을 내더라도, 우선은 새로운 시장에서 선두주자로서의 프리미엄 포지션을 획득하고, 이를 기반으로 EV 시장이 본격화되기를 기다려 왔다. 그 결과 2020년 7월 업계 1위의 시장가치를 가진 자동차기업으로 자리매김하였다.

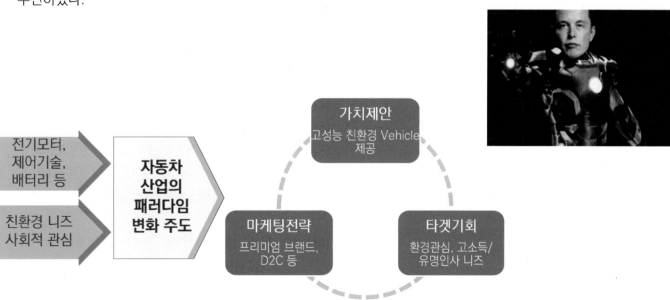

테슬라 주가(단위=달러)

시가총액 상위 6개 자동차 회사들

회사	시가총액	연초 대비 주가상승률
테슬라	2,075억달러	160.2%
도요타	2,027억달러	-12.7%
혼다	460억달러	-11.4%
다임러	430억달러	-29.1%
GM	357억달러	-33.2%
포드	238억달러	-36.5%

http://mbnmoney.mbn.co.kr/news/view?news_no=MM1004029240

타겟기회 중심(TO-Focus) VDI 사례: 블랙베리(Blackberry)

모바일폰이 성숙기에 접어들었던 시절, 캐나다의 RIM사는 특별한 고객층과 그의 요구에 집중한 새로운 폼팩터의 휴대폰을 출시하였다. RIM의 VDI는:

타겟기회: 외부에서 주로 일하는 비즈니스맨의 업무 효율 높임

VOC: 핸드폰에서 간편하게 이메일과 문자 사용

가치제안: 핸드폰의 미니 자판과 액정화면을 통해서 간편하게 텍스트 입력과 읽기 가능

마케팅전략: 사용자들의 입소문 마케팅(Viral Marketing)을 기반으로 추진되어 수년간 빠르게 성장하였다.

블랙베리(Blackberry)로 명명된 이 니치마켓용 폰은 한때 모바일폰 시장의 혁신 아이콘이었으나, 스마트폰의 등장과 더불어서 그 매력을 잃게 되어, 2011년 최대 판매량을 기록한 후 빠르게 시장에서 사라지고 말았다. 그러나 혁신 기회를 명확하게 파악하고 이에 적합한 솔루션을 제때에 제공하는 것의 중요성을 입증한 사례이다.

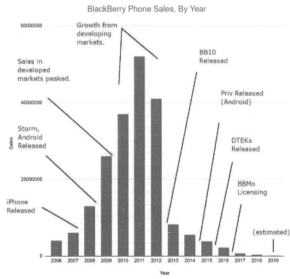

https://forums.crackberry.com/general-blackberry-news-discussion-rumors-f2/bb-bb-branded-phone-sales-year-2006-present-1177354/

마케팅전략 중심(MS-Focus) VDI 사례: Netflix 오리지널 컨텐츠

Netflix는 가입자 수를 늘리기 위한 전략으로 스스로 컨텐츠 제작자로 변신하였다. 한창 붐이 일고 있던 미니 시리즈물에 촛점을 맞추어서 큰 성공을 거둔 작품이 〈House of Cards〉인데, 2014년 오바마대통령이 트위터에 이 작품을 언급하면서 대박을 터뜨렸다.

이 시리즈를 제작하면서 업계 최초로 빅데이터 분석을 도입했고, 년간 3억달러의 제작 예산 중 1억달러를 여기에 쏟아 부었다. 이 작품 한 편에 자사의 제품을 등장시키기 위해서 기업이 협찬해야 하는 비용이 5만달러에서 30만달러였다고 한다. 2020년에는 마이클 조던을 주역으로 한 〈The Last Dance〉 시리즈로 큰 인기를 끌었다.

Netflix의 글로벌 가입자 수는 아래 그래프에 나타나듯이 2011년에서 2020년 사이에 약 2천만명에서 2억명 가까운 수준으로 거의 10배의 성장을 해왔다. 이러한 성장의 배경에는 기술적인 혁신만이 아니라 고객의 성향을 깊이 분석하고 그들의 취향을 저격하는 새로운 컨텐츠를 지속 제공함으로써 시장 지배력을 높이는 마케팅중심의 혁신이 한 몫을 하고 있다.

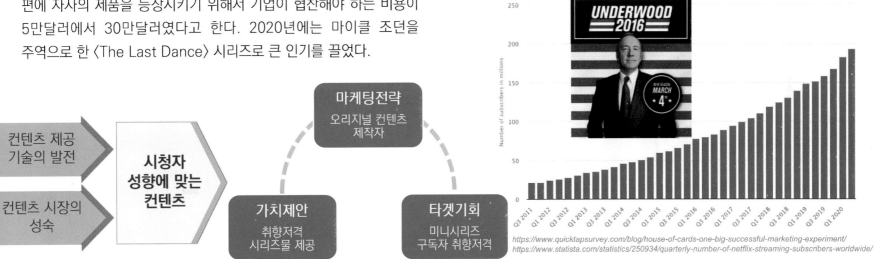

https://www.quicktapsurvey.com/blog/house-of-cards-one-big-successful-marketing-experiment/
https://www.statista.com/statistics/250934/quarterly-number-of-netflix-streaming-subscribers-worldwide/

Resource-Driven Innovation

자원주도 혁신

자원주도 혁신

어떤 자원의 혁신을 통하여 가치를 제공할 것인가?

자원의 혁신을 통하여 새로운 가치를 창출하거나 기존의 가치를 업그레이드함으로써 전체 혁신의 패턴(Pattern)이 결정되는 것이 자원주도 혁신(Resources-Driven Innovation, 이하 RDI)이다.

RDI는 주로 조직 내부의 핵심활동(Key Activities)과 핵심자원(Key Resources), 그리고 내외부의 협력 관계(Partner Relationship)를 기반으로 새로운 역량과 가치 제안을 통하여 추진된다.

RDI의 세가지 포커스(Focus)를 생각해볼 수 있는데,
포커스 1: 핵심활동을 중심으로 ('핵심활동 중심 RDI')
포커스 2: 핵심자원을 중심으로 ('핵심자원 중심 RDI')
포커스 3: 파트너관계를 중심으로 ('파트너관계 중심 RDI')
가 그것이다.

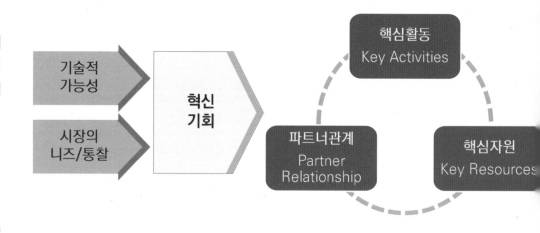

핵심활동 중심(KA-Focus) RDI 사례: 삼성전자 반도체

삼성의 반도체 사업은 2017년 누구도 불가능하다고 생각해온 성과를 달성했다. 반도체 사업을 시작한지 34년만에 업계 부동의 1위인 인텔을 제치고 1위에 오른 것이다. 그러한 배경에는 '초격차'를 위한 지속적인 혁신 투자가 있었는데, 가장 대표적인 것이 기술-제품-공정 개발에 필요한 투자이다. 초격차 제품과 프로세스를 위한 핵심활동에 대한 과감하고 지속적인 투자와 혁신의 결과이다.
〈초격차〉의 저자 권오현 삼성전자 회장은 "변신하지 않으면 살아남을 수 없다."라고 강조한다. 삼성의 변신 노력과 투자가 RDI의 성공 원동력이라 할 수 있다.

삼성전자는 2020년 상반기에만 연구개발비에 10조5,850억원을 투자했다. 2019년 같은 기간보다 5,000억원정도 늘어난 것으로, 코로나 사태 속에서 '통 큰 결단'을 한 셈이다. 매출대비 연구개발비 비중(R&D Intensity)는 9.8%로, 전년도 8.8%보다 늘어났다. 시설투자 17.7조 중 반도체시설에 14조7,000억원을 투자하여 초격차의 갭을 더욱 벌리고 있다. 이러한 공격적 투자로 설비를 사전에 '매점'함으로써 다른 경쟁자들의 추격을 따돌리는 전략이 '삼성식 RDI'의 요소이기도 하다.

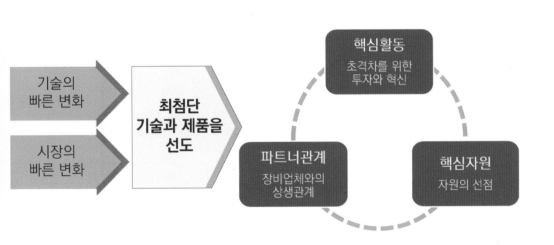

삼성전자 R&D 투자액 추이
※( )는 매출액 대비 R&D투자액 비중
단위: 억 원, %

13조7057 (7.4) · 2015
14조1114 (7.3) · 2016
16조8032 (7) · 2017
18조6504 (7.7) · 2018
20조1929 (8.8) · 2019년

자료: 금융감독원

핵심자원 중심(KR-Focus) RDI 사례: Zara

Fast fashion의 리더인 Zara는 여러가지 면에서 혁신의 대표주자이다. 그 중에서 최근 관심을 끌고 있는 측면이 바로 데이터를 기반으로 한 매장 운영 및 제품 디자인이다.

패션 업계에서 제값을 받고 파는 제품 비율이 평균 60-70%인데, Zara는 이 비율이 85%에 달한다. 또한, 할인으로 소진되지 않는 '악성재고'의 비율도 10%미만이다. 광고비용의 비율도 경재자들에 비해서 현저히 낮은데, 어떤 이유로 판매효율은 훨씬 높을까?

그 비결은 바로 대표적 무형자산인 고객 데이터의 활용이다. 데이터를 통해서 빠르고 정확하게 니즈를 파악하고 대응하는 것이다.

자라는 RFID 시스템을 도입하여 제품 디자인, 생산, 재고관리, 배송, 매장관리 등 거의 모든 분야에서 활용하고 있다. 모든 아이템에 부착된 RFID 태그를 통해서 어떤 옷들이 피팅룸에 들어가고, 피팅 후 얼마나 판매가 되는지, 어떤 고객이 그 제품을 좋아하는지 파악한다. 매장 직원은 매일 밤 고객 선호도를 업로드하고 지역 매니저는 지역의 선호와 취향을 분석한다. SNS를 통해서 수집된 고객의 패션 센서빌리티 데이터와 합쳐져 스페인 Arteixo 데이터센터에서 24시간 분석이 이루어진다. 이 결과를 기반으로 매주 두번씩 신제품이 매장에 도착한다. 데이터 활용을 통해 인적 물적 자원을 최적으로 운영한다.

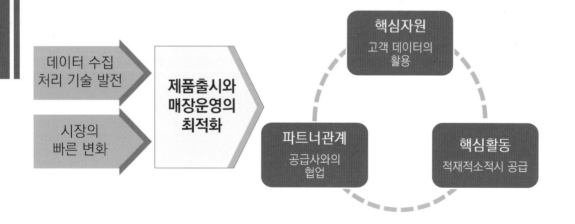

http://fpost.co.kr/board/bbs/board.php?wr_id=17&bo_table=fsp1

파트너관계 중심(PR-Focus) RDI 사례: Apple Music

Apple사가 외부 파트너와의 협업으로 성공한 대표적인 사례의 하나가 Apple Music 서비스이다. 6천만곡 이상을 스트리밍하고 있고, 사용자의 기호에 맞는 선곡 리스트를 통해서 맞춤형 음악감상을 제공한다. Apple Music은 iPod와 iTunes의 성공을 기반으로 전세계에서 7천만명 이상의 구독자를 확보하여 Spotify에 이어서 2위의 음악서비스 플랫폼이다.
IT산업의 대표기업과 문화산업의 대표인 음원소유기업들 간의 협업으로 고객에게 더 큰 가치를 제공한 Win-Win-Win 혁신이다.

Steve Jobs는 음악산업을 혁신한 것으로도 유명하다. 그는 2003년 iTunes를 시작하면서 20만곡을 디지털 플랫폼에 올려 놓았다. 그가 4대 메이저 음반제작사들과 직접 대면해서 음반의 전곡을 판매하는 대신에 개별 곡을 온라인에서 구입할 수 있도록 설득하지 않았다면, 우리는 여전히 듣지 않을 곡들을 번들로 구매하고 있을 것이다.
아래 그래프에서 보듯이 음악산업에서 Streaming 서비스는 이제 가장 큰 수익원이 되었다.

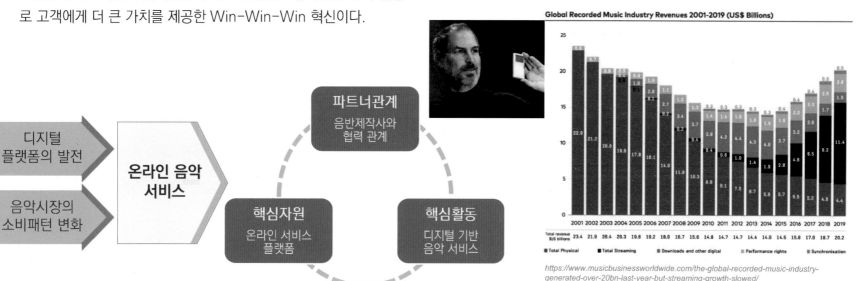

Global Recorded Music Industry Revenues 2001-2019 (US$ Billions)

Profit–Driven Innovation

수익주도 혁신

수익주도 혁신

어떻게 더 큰 수익을 창출할 것인가?

이 질문의 답이 되는 새로운 Profit Formula를 찾음으로써 혁신의 주도적 패턴(Pattern)이 결정되는 것이 수익주도 혁신(Profit-Driven Innovation, 이하 PDI)이다.

PDI는 내부 요인(재무, 운영, 마케팅 등)과 외부 요인(정치, 경제, 사회, 환경 등)의 변화로 인한 수익성 압박이 높은 상황 하에, 이를 극복하거나 더 큰 수익을 위한 기회 발굴을 통하여 추진된다. 기존의 제품이나 서비스를 같은 고객에게 제공하지만, 수익을 올리는 모델을 바꿈으로써 혁신적 비즈니스모델을 도출하는 것이다.

PDI의 포커스(Focus)는 Profit Model을 중심으로 새로운 Formula를 찾는 것에서 출발하게 된다.

수익모델 중심(PM-Focus) PDI 사례: 바디프랜드

바디프랜드가 2007년 창업했을 당시에 국내 안마의자 시장은 일본 기업들이 장악한 상황이었다. 규모도 작고 이미 대형 브랜드들이 점령하고 있던 레드오션에 도전하기 위해서는 제품의 기능과 품질만으로는 역부족이었다. 이를 극복하고 빠른 시간 내에 수익성을 높이기 위한 전략으로 2009년 세계 최초로 렌탈 모델을 제시했다. "안마의자를 누가 빌려서 쓰겠는가?"의 우려를 넘어 그 이후 바디프랜드의 매출은 매년 2배씩 성장했다. 누구도 시도하지 않았던 새로운 Profit Model로 PDI의 선도적 사례가 되었다.

바디프랜드는 PDI와 더불어서 지속적인 VDI도 추구해오고 있다. 2016년에 의학분야 전문의들을 영입해 건강증진에 대한 안마의자의 가치를 연구하기 위한 '메디컬 R&D센터'를 설립했다. 이 결과로 최근에는 의료기기로 등록된 메디컬 안마의자도 제공하고 있다.

타겟고객도 기존의 실버세대를 넘어서 30-40대를 겨냥한 다양한 제품을 내놓고 있고, 최근에는 BTS를 등장시킨 마케팅도 진행하고 있다. 가치-자원-수익의 3가지 드라이버들 모두에서 다각적인 동력원을 발굴하여 혁신을 이어오고 있다.

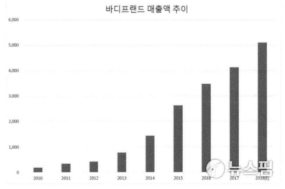

http://www.newspim.com/news/view/20180611000146

www.bodyfriend.co.kr

3

7 Focuses/Blocks

7가지 혁신 Focuses를 기반으로 한

7Block BM Template

7가지 Focus와 7Block Template

7 Focuses를 기반으로 한 7Block BM Template

앞 장의 3가지 혁신 Drivers와 7가지 Focuses를 기반으로 하여 다음 페이지의 그림과 같은 '7Block Business Model Template' (7Block BMT)을 제안한다. 현재 가장 널리 활용되고 있는 Alex Osterwalder의 Business Model Canvas와 유사한 배열로 구성하여 독자들의 이해가 쉽도록 하였다.

7Block BMT의 Block들은 앞에서 설명한 7개의 Focuses, 가치제안, 타겟기회, 마케팅전략, 핵심활동, 핵심자원, 파트너관계, 그리고 수익모델로 정의된다. 각 Block에 어떤 내용이 들어가고, 그로 인해서 전체 비즈니스 모델이 어떤 구조로 움직이는 가를 설계하고 설명하는 도구로 활용될 수 있다.

7개의 Block들은 3가지 Drivers, 즉 가치, 자원, 수익에 따라서 서로 다른 색으로 영역이 표시되어 있다. 혁신 초기에 어떤 Driver에서 출발할 것인가를 선택한 후에, 해당 영역에서 어떤 Focus/ Block을 중심으로 혁신 아이디어들을 채워나갈 지를 선택할 수 있다. 각 Focus에 대해서 좀 더 구체적인 내용들을 알아 보자.

자원 주도(Resource-Driven)   가치 주도(Value-Driven)

6 파트너관계(PR)	4 핵심활동(KA)	1 가치제안(VP)	3 마케팅전략(MS)	2 타겟기회(TO)
어떤 전략적 협업이 혁신을 촉진시키는가?	가치제공을 위한 핵심활동은 무엇인가? 5 핵심자원(KR) 비즈니스 실행의 동력자원은 무엇인가?	어떤 더 큰 가치를 제안할 것인가?	어떤 고객에게 어떻게 가치를 제공할 것인가?	어떤 기회에 타겟할 것인가?

7 수익모델(PM)

더 큰 수익을 창출하기 위한 수익구조는 무엇인가?

수익 주도(Profit-Driven)

Value Proposition
가치제안(VP)

어떤 더 큰 가치를
제안할 것인가?

Target Customer
타겟기회(TO)

어떤 기회에
타겟할 것인가?

Marketing Strategy
마케팅전략(MS)

어떤 고객에게 어떻게
가치를 제공할 것인가?

Key Activities

핵심활동(KA)

가치제공을 위한
핵심활동은?

Key Resource

핵심자원(KR)

비즈니스 실행의
동력 자원은?

Partner Relationship

파트너관계(PR)

어떤 전략적 협업이
혁신을 촉진시키는가?

Profit Model

수익모델(PM)

더 큰 수익을 창출하기
위한 수익구조는?

기업은 고객에게 가치를 제공함을 통해서 스스로의 가치를 인정받는다. 인정받은 가치가 수익과 성장으로 연결되고, 그를 기반으로 기업의 시장가치와 주주에 대한 보상이 결정된다. 따라서 가치제안의 선택은 혁신의 성패를 좌우하는 Key라고 할 수 있다.

"어떤 더 큰 가치를 제안할 것인가?"

가치제안의 주요 항목

✔ 더 높은 수준의 제품 또는 서비스

✔ 새로운 솔루션과 경험

✔ 고객 맞춤화

✔ 가격 경쟁력

기업은 고객에게 더 좋은 제품과 서비스, 혹은 새로운 솔루션과 경험을 제공해줄 수 있다. 고객이 원하는 것을 맞춤화하여 제공할 수도 있고, 기존 제품의 가성비를 높일 수도 있다. 다양한 가치제안의 선택지 중에서 어떤 것을 선택할 것인가가 가치주도 혁신의 중요한 포인트이다.

https://digit.co/

> 가치제안은 여러분이 고객에게 어떤 가치를 제공할 것인가에 대해서 설명하고 약속하는 것입니다. 고객 입장에서 왜 이 제품이나 서비스가 필요한지, 그리고 어떤 점에서 더 나은 것인지 쉽게 이해가 되어야 합니다.

이동 솔루션의 선구자인 Uber의 가치제안은, Riders에게는 '편리하고 저렴한 On-Demand 맞춤형 Ride와 Feedback 제공'이고, Drivers에게는 '차량을 이용한 수입 창출과 다양한 혜택'이다. Apple iPhone의 가치제안은, '새로운 경험을 가능하게 하는 편리하고 디자인이 탁월한 모바일 솔루션'이다. 개인 재무서비스인 Digit의 가치제안은 '전혀 신경 쓰지 않아도 되는 저축 서비스'이다. 자신의 은행계좌를 연결해두면 소비 패턴에 따라서 자동으로 저축이 되도록 도와준다.

성공적인 가치제안을 위해서는:
1) 제공하는 솔루션의 모든 혜택
2) 혜택들의 가치가 무엇인지
3) 고객의 어떤 문제를 해결하는 것인지
4) 솔루션의 가치와 문제의 상관관계
5) 가치를 제공할 수 있는 능력과 차별성
등을 분명하게 해야 한다.
혁신적인 가치제안을 위해서 무엇보다 필요한 것은 고객의 간절한 요구나 어려운 문제에 대한 이해와 답이다.

"어떤 기회에 타겟할 것인가?"

타겟기회가 크지 않다면 애초부터 부적절한 목표를 대상으로 혁신을 하는 것이다. 가치제안이 아무리 뛰어나더라도 그것이 대상으로 하는 고객의 요구나 문제가 그다지 중요하지 않다면 그 가치와 리턴은 높을 수가 없다.
고객이 수행해야 하는 어려운 과업과 그에 따른 요구 및 고통을 이해하고, 어떠한 문제를 해결해야 높은 기회가 있을지를 파악하여, 비즈니스의 기회로 활용할 수 있어야 한다.

타겟기회의 주요 항목

✓ 중요한 요구나 문제 해결

✓ 니치마켓(Niche Market)

✓ 신시장 니즈

✓ 신기술 활용

기존 시장에서 여전히 만족되지 못하고 있는 요구나 불충분한 문제 해결은 언제나 기회를 제공한다. 그러나 이런 기회가 소진된 소위 '초과만족 상황'이라면 작지만 미래 성장성이 높은 니치마켓에서 기회를 찾는다. 새롭게 부상하는 시장의 니즈, 새로운 가치창출을 가능하게 하는 신기술도 기회의 열쇠가 된다.

기회의 신 카이로스의 무성한 앞머리는 사람들이 기회를 금방 알아채시 못하게 하는 반면, 기회를 알아본 사람은 쉽게 잡을 수 있게 합니다. 그러나 기회의 뒷머리는 없어서 이미 지나간 기회는 다시 잡을 수 없고, 발과 어깨에 달린 날개로 바람처럼 도망갑니다. 우리가 기회를 잡으려면 기회를 포착하는 능력, 저울과 같은 정확한 판단, 칼 같은 결단이 필요합니다.

고객은 제품 또는 서비스가 필요해서 그것을 구매하는 것이 아니라, 자신들의 Job 수행에 필요한 솔루션을 찾는다.

'직방' 플랫폼 솔루션은 출시 초기에 집을 구하는 다양한 사람들 속에서 특히 시간 및 공간의 제약으로 직접 발품을 팔아서 집을 보러 다니기 어려운 사람들을 타겟으로 설정하여 서비스를 구상하였다. 사전에 VR로 검색한 후에 현장을 확인할 수 있는 경험 가치가 입소문을 타고 사용자를 넓혀 나갔다.

고객의 요구를 알기 위해서는 그 근원이 되는 다양한 고통과 문제들을 파악할 필요가 있다. 그러다 보면 보다 더 넓은 스펙트럼에서 고객의 요구를 알 수 있는데, 그렇게 찾아낸 기존의 솔루션에서 만족되기 어려운 요구에 기회가 있다.

미국의 Hussmann사는 수퍼마켓용 냉장박스 제조사인데, 고객이 쇼핑할 때 내부의 물건들에 골고루 조명이 비치지 않아서 선택에 어려움을 겪는 것을 알았다. 그를 위해서 새로운 LED 조명의 냉장박스를 개발한 결과, 1년 만에 매출이 1만배 증가하는 대박을 낼 수 있었다.

"어떤 고객에게 어떻게 가치를 제공할 것인가?"

기술의 발달과 사회의 진화는 마케팅 방식에도 많은 변화를 가져왔다. 제품-시장의 Fit을 위한 최적의 전략이 필요하다. 예를 들면, 다면시장에서는 다양한 고객에게 어필할 수 있어야 하고, 개인의 취향이 존중 받는 것을 중요시 하는 트렌드에 맞는 전략을 짜야 한다.

경쟁자가 고객에 대해서 아는 이상으로, 때로는 고객이 스스로 자신에 대해서 아는 이상으로, 기업이 고객을 이해해야 한다.

마케팅전략의 주요 항목

 고객 관리

 판매 채널

 브랜드 포지셔닝

 디지털 마케팅 전략

마케팅의 STP전략에 대한 고려는 혁신에서도 필요하다. 고객을 어떻게 유지할 것인지, 새로운 고객은 어떻게 확보할 것인지 등의 고객관리와 가치 제공을 위한 채널의 정의도 필요하다. 특히, 비중이 커지는 디지털 마케팅을 적극 고려할 필요가 있다.

*STP: Segmentation-Targeting-Positioning

가치주도 혁신의 새로운 접근 방식은
마케팅 전략과 아이디어에서 출발하는 것입니다.
다음 질문의 답을 한번 찾아 보십시오: 기존의 제품과
서비스로 동일한 타겟고객을 대상으로 했을 때,
혁신적 마케팅으로 더 큰 가치를 창출할 수 있는 길은
무엇인가?

과테말라의 신발편집샵인 Meat Pack은 'Hijack'이라는 신종 디지털 마케팅을 시도한 적이 있다. 경쟁사 매장에 있는 고객에게 온라인 할인쿠폰을 제시하는데, 자사 매장에 도착하는 시간이 빠를수록 할인율이 커지는 방식이다. 99% 할인을 스타트로 해서 1초마다 1%씩 할인율이 줄어들어, 전속력으로 Meat Pack 매장을 향해서 달리는 젊은이들이 등장하곤 했다. 1주일 동안에 600명의 고객을 이러한 마케팅으로 '납치'했었다고 한다. 최고의 할인율 기록은 89%였다.

전통적인 STP와 4P 마케팅 Mix로만 고객의 마음을 끌기에는 기술과 시장의 변화와 다양성이 급증하고 있다. 기존과 차별화된 마케팅 전략과 아이디어가 혁신의 중심이 되어서 새로운 가치를 창출하는 기폭제가 되는 시대가 도래했다. 특히나 5G 모바일 시대에는 누가 어떻게 혁신적 마케팅 아이디어로 기존 시장에 지각변동을 가져올지 예측하기 어렵다. 디지털 시대의 마케팅은 혁신의 새로운 촉매로서 역할이 더욱 커질 것이다.

"가치 제공을 위한 핵심활동은?"

하나의 비즈니스 모델을 운영하기 위해서는 수많은 활동들이 이루어진다. 그 어떤 활동도 중요하지 않을 수 없지만, 비즈니스가 가능하게 하고, 제공되는 가치의 수준을 결정짓는 핵심역량을 기반으로 한 활동들이 있다. 이러한 핵심활동은 기업이 오래도록 전문적으로 쌓아온 경험이나 노하우에서 주로 이루어지며, 때로 외부와 전략적 제휴나 M&A를 통해서 얻어질 수 있다.

핵심활동의 주요 항목

 연구개발

 제품생산

 서비스

 유통관리

남다른 연구개발의 투자와 역량, 효율적인 생산 프로세스, 차별화된 서비스 역량, 새로운 유통의 방식 등 다양하게 가치 제공을 위한 핵심활동을 정의 할 수 있다. 혁신적 비즈니스를 위해서 최근 각광을 받고 있는 핵심활동으로는 데이터기반의 프로세스 고도화와 AI기반의 스마트화 등이 있다.

여러분의 기업이 어떤 핵심활동에서 '따라오기 어려운 격차'를 만들어 낼 수 있는지 생각해 보시기 바랍니다. 핵심활동에 어떻게 투자하고 어떤 역량을 더욱 키워서 확고한 가치우위를 확보할지를 생각해 보십시오.

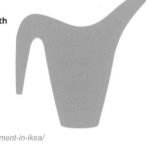

Most people see a watering can.

We see the individual growth opportunity in everyone.

https://ikea.jobs.cz/en/development-in-ikea/

혁신을 위한 핵심활동은 시장에서 '가치우위'를 확보하는데 기여한다. '100년 장인'의 명맥을 잇는다는 기술로 만들어진 스위스 시계, 글로벌 가구 기업으로 부상한 IKEA 등이 핵심활동을 통해서 가치우위를 확보한 대표적 사례이다.

삼성전자 반도체부문이 오랜 기간에 걸친 경쟁우위를 유지해온 비결도, 자신의 핵심활동, 즉 한발 앞선 제품 및 프로세스 개발에 대한 지속적인 투자와 노력이다. 경쟁자들이나 신규 진입자들이 쉽게 넘볼 수 없는 '초격차'를 만들어낸 것이다.

세계 최고 수준의 성능, 세계 최고의 맛, 세계적 수준의 디자인, 최고의 서비스와 같은 수식어를 동반한 비즈니스 모델의 평가는 다름아닌 꾸준하게 투자와 관심을 쏟아온 핵심역량에서 발현된 것이라고 할 수 있다.

이러한 가치우위를 발판으로 비즈니스 경쟁력을 키우기 위해서는 단순히 더 나은 제품이나 서비스만을 추구하기 보다는, 멀리 내다보는 안목을 가지고 꾸준히 새로운 기술과 역량을 배양하는 기업 내의 '혁신인재 Farming'이 필요하다.

핵심자원은 비즈니스가 원활하게 진행되는데 가장 중요한 자원이다. 핵심활동과 같이 비즈니스 모델이 가능하게 하고, 수준을 결정짓는 요소이다. 비즈니스 모델에 따라 중요한 핵심자원이 필요한데, 최근에는 디지털 기술이 기반이 되는 비즈니스가 많아지면서 데이터와 같은 정보, 네트워크 자원 등의 중요도가 높아지고 있다.

"비즈니스 실행의 동력 자원은?"

핵심자원의 주요 항목

✓ 유형 자원

✓ 지적 자원

✓ 사용자 자원

✓ 디지털 자원

플랫폼 산업이 발달하면서 '사용자 자원'이라는 새로운 핵심자원이 부상하였다. User Base 비즈니스인 만큼, 사용자를 최대한 확보하는 것에 사업의 성패가 달렸다. 이러한 비즈니스 모델에서는 사용자가 핵심자원이자 동시에 고객이다. 디지털 자원인 데이터, 특히 고객 데이터는 새로운 혁신의 원천이다.

자원주도 혁신에서 핵심자원을 Focus로 해서
다음과 같은 질문을 해보십시요:
1. 우리의 가장 큰 핵심자원은 무엇인가?
2. 이 자원을 업그레이드하거나 보완해서
가능한 새로운 솔루션은 무엇인가?
3. 시장성-현실성-경쟁력이 있겠는가?

우리가 체내 수분조절을 위해 물을 마시고, 근육을 기르는데 단백질원을 필요로 하듯이 비즈니스 모델에 따라 각각의 필요한 핵심자원이 있다. POSCO가 세계 굴지의 철강기업으로 자리매김한 배경에는 첨단 기술과 IT시스템으로 무장한 최신형 제철설비가 한 몫을 했다. 하이테크 스타트업의 비즈니스 모델에서는 IP와 같은 지적자원과 개발기술이 핵심자원으로 꼽힌다. 서비스 기업에서 가장 중요한 핵심자원은, 레스토랑의 셰프와 같이, 차별화된 역량을 가진 인적자원일 것이다.

Zara는 고객의 기호와 구매 데이터를 통해서 업계를 선도하는 신제품 출시와 운영최적화를 실현하고 있다. 디지털 비즈니스 시대에 데이터는 최상의 자원이 되고 있다.

모바일 시대의 고객은 많은 곳에 정보를 퍼뜨리고 다닌다. 카페에 방문한 시간, 주문한 음료, 머무른 시간 등. 평범한 개인의 일상이지만 이런 정보가 쌓여 나의 이력이 되고 고객 정보가 된다. 기업이 이런 정보들을 Dark Data로 남겨두지 않고 잘 가공하여 활용한다면 최고의 핵심자원으로 가치를 발할 것이다.

"어떤 전략적 협업이 혁신을 촉진하는가?"

비즈니스 모델에서 파트너들과의 관계는 다양한 이유와 형태로 맺어진다. 일반적으로 안정적이고 고정적인 수급관계를 형성하는 파트너십을 형성하지만, 전략적으로 이종 및 동종 업종 간의 협력도 이루어진다. 이러한 외부와의 협업은 기업 내부의 활동이나 자원의 한계를 보완하고, 시장에서의 경쟁력을 더 높여 줄 수 있다.

파트너관계의 주요 항목

✓ 공급자-바이어 관계

✓ 이종업종간 전략적 제휴 관계

✓ 동종업종간 전략적 파트너십

✓ 개방형 혁신(Open Innovation)

공급자-바이어 관계의 파트너 관계가 수동적이라면, 이종 및 동종 업종간 협력, 개방형 혁신으로 갈 수록 적극적인 파트너 관계라고 할 수 있다. 공급자-바이어 관계는 안정적 수급 확보, 이종 및 동종 업종간 협업은 시너지 효과를 기대하며, 개방형 혁신은 창의적 협업을 가능하게 한다.

20세기를 경쟁을 통한 성장의 시대라고 한다면, 21세기는 협력을 통한 공존의 시대가 될 것이라고 할 수 있습니다. 이제 비즈니스도 혼자서는 생존이 힘든 세상이 되었습니다. 공생할 수 있는 파트너가 필수로 필요하게 된 것이죠. 함께 힘든 시기를 헤쳐 나갈 수 있는 파트너십이 최고의 관계가 아닐까 합니다.

교수님이 생각하시는 최고의 파트너 관계는 어떤 것인가요?

파트너관계를 통한 혁신의 새로운 모델들이 과거에 비해서 더 많이, 더 자주 등장하고 있다. KT는 'AI 원팀'이라는 구호 아래 LG를 포함한 다양한 기업, 대학, 연구소들을 묶어서 AI를 통한 솔루션 경쟁력 향상과 인재양성 플랫폼을 통한 협력을 시도하고 있다. SKT는 카카오와 전략적 파트너쉽을 통해서 AI분야의 기술협력을 도모하고 있다. 4차 산업혁명과 5G 시대의 도래를 대비해서 다양한 기업들간의 합종연횡이 대세가 되어 가는 양상이다.

"더 큰 수익을 창출하기 위한 수익구조는?"

혁신의 최종 목적지는 더 큰 수익의 창출이다. 사회, 기술, 산업구조의 변화, 경쟁심화로 경영이 악화되는 상황에서, 새로운 수익모델의 도입이 문제해결의 Key가 될 수 있다.

기업은 어떤 수익모델이어야 고객을 지켜낼 수 있는지에 대한 고민이 많이 필요해 졌다. 고객이 선호하는 지불방식은 무엇인지, 고객이 원하는 조건은 무엇인지, 고객에게 더 편리하게 구매나 서비스를 제공하는 방법은 어떤 것들이 있는지, 고객의 비용지불을 최소화하려면 어디에서 수익이 만들어져야 하는지 말이다.

수익모델의 주요 항목

 판매수익

 수수료

 사용료

 구독료

전통적인 가장 일반화된 수익은 판매로부터 나왔다. 그러나 이제는 단순 판매보다는 판매와 함께 지속적인 서비스를 제공하는 수익모델로 전환하는 추세이다. 지속적인 서비스의 질과 수준을 고객이 만족해 한다면, 그 비즈니스 모델의 고정고객으로서 수익창출에 꾸준히 기여할 것이다.

비즈니스 모델의 혁신은 이제까지 본 7가지 Focus 혹은 Block을 기점으로 해서 추진될 수 있습니다. 수익모델에 대해서 "어떻게 하면 고객이 더 오래 지속적으로 관계를 이어갈 것인가?"를 질문해 보세요.

Google에서는 게시자의 콘텐츠를 소중하게 생각 합니다

콘텐츠 제작에는 많은 시간이 필요하지만 수익 창출은 쉽고 간편해야 합니다.

https://www.google.com/adsense/start/

마진이 한계점에 도달한 Red Ocean 상황에서 때로 극적인 수익모델의 반전으로 혁신의 리더로 변신하게 된 사례들이 있다. Google의 온라인 광고시장 혁신이 바로 그 예이다. 맞춤형 검색페이지 광고에 Click에 따른 요금제, 사이트에 코드 한 줄만 추가하면 자동으로 수익을 올릴 수 있는 모델 등으로, 단기간에 온라인 검색-광고 시장을 독점하게 되었다. 한때 온라인 검색 포털의 1인자였던 Yahoo!는 홈페이지를 도배한 광고배너들의 무게를 지탱하지 못하고 추락했다.

비즈니스 모델을 계획할 때, 기업에게는 "이 제품에 고객이 기꺼이 '지불'할 것인가?"가 초미의 관심사였다. 하지만 이제는 여기에 더해, "고객이 이 제품을 '계속 이용' 할 것인가?"에도 관심을 두어야 한다. 즉 수익이 일회성으로 끝날 것인지 아니면 지속성을 가질 수 있을 것인지가 관건이다. 그러다 보니 전통적 수익모델들도 고객 유지를 위해 제품 판매에서 렌탈로, 기술 제공도 구독형으로 변화하고 있다. 더러는 고객이 아닌 제 3자에게서 수익을 창출하는 모델도 등장하고 있다.

4 Features

Driver의 Focus별 비즈니스 모델

Features와 사례

Value-Driven 6 Features

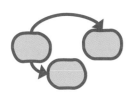

Value Proposition

1. Pioneering Leaders 선두주자
2. Differentiation Builders 차별구축

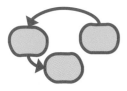

Target Opportunity

1. Match S&D 수급매치
2. Attack Niche 틈새공략

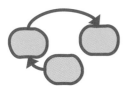

Marketing Strategy

1. Dual Track 듀얼트랙
2. High Touch 하이터치

1. Pioneering Leaders 선두주자
   Tesla

2. Differentiation Builders 차별구축
   카카오톡

Value Proposition

Value Proposition

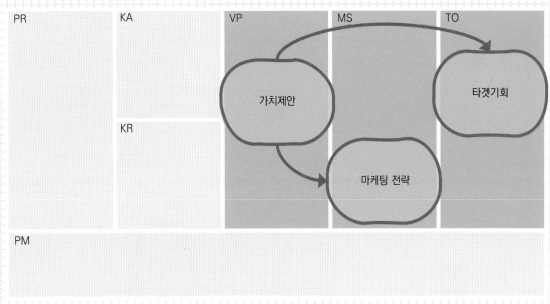

가치제안에 Focus를 두고
타겟기회와 마케팅전략을
도출해 나간다.

Pioneering Leaders
선두주자

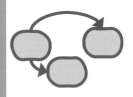

새로운 가치를 창출하고 그에 적합한 고객을 발굴, 새로운 가치를 위한 마케팅 전략을 도출한다.

선두주자는 새로운 가치를 선도적으로 제공함으로써 새로운 시장을 창출하고 그 시장에서 리더로 자리매김하는 패턴입니다. 기술과 시장의 불확실성이 크지만, 그를 극복할 수 있는 높은 가치와 탁월함으로 승부합니다.

Pioneering Leaders는 새로운 가치를 제안하는 개척자이[다]. 존에는 생각지도 못했던, 혹은 생각만 했던 새로운 가치를 [제안]하는 것이다. 기존 시장에서는 생소하고 낯선 가치일 수 있[어 새]로운 만큼 기회와 리스크가 공존한다. 그러나 이에 대한 필[요성과] 매력을 느끼고 지불할 의사가 있는 고객을 충분히 찾아낼 [수 있]고, 그들을 매료시킬 마케팅이 함께 추진된다면 놀라운 성[과를] 거둘 수 있다.

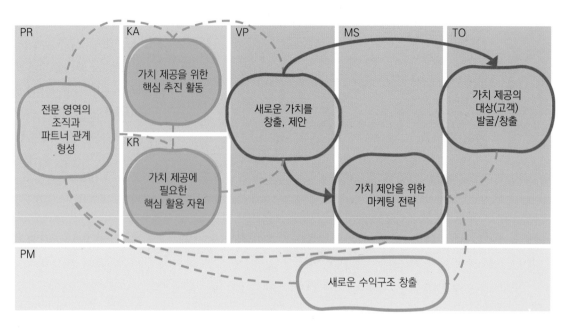

VP 누구도 생각하지 못했던 새로운 가치를 만들어 낸다. 전혀 새로운 제품이나 서비스일 수도 있고, 이미 존재하고 있는 것이지만 매우 다른 시각으로 풀어낼 수도 있다.

TO 세상에 없던 새로운 가치에 눈을 돌릴 고객을 발굴해야 한다. 우리가 제안하는 가치를 눈여겨볼 만한 고객과 시장을 타게팅한다. 'Innovators' 고객이 대상이다.

MS 제안하는 가치를 어떻게 최대한 매력적으로 만들어 세상에 등장시킬지, 어떻게 해야 타겟 고객이 더 눈길을 줄지 전략을 짠다.

Pioneering Leaders
선두주자

Tesla

Tesla의 mission은 "지속 가능한 에너지로의 세계적 전환하는 것을 가속화하는 것"(To accelerate the world's transition to sustainable energy)이다. 높은 기술력을 바탕으로 전기자동차의 퍼포먼스상 장점을 극대화한 고성능 차량을 선보였으며, 이를 환경에 대한 관심과 사람들의 평판에 민감한 고객층을 대상으로 마케팅하였다. 또한 미국 전역에 전기충전소 Super Charger를 곳곳에 설치하여 초기 고객들이 무료로 이용하게 하는 등 혁신적인 행보로 전기자동차 시대를 선도하는 아이콘으로 자리매김하였다. 나아가, 전기차 뿐만 아니라 태양광 에너지를 생산하고 저장할 수 있는 제품도 함께 제공하여 미래 에너지 산업에도 앞선 기술과 제품을 선보이고 있다.

최근에 세계적 차량분해 전문가인 샌디 먼로대표는 Tesla를 분해한 뒤 이렇게 이야기했다. "(테슬라 차량은 기존 전기차보다) 캐스팅과 하우징은 10년, 모터 설계는 5년 앞섰다. 모터는 경쟁업체 것보다 가벼우면서도 힘이 더 세다. 전자부품, 소프트웨어는 8년은 앞섰다고 본다."

(조선일보, https://www.chosun.com/economy/2020/09/14/LVD733VXHFESLAM5SHYB5677RM/)

https://www.evpost.co.kr/wp/

SUPERCHARGER
The fastest charging station on the planet.

https://zdnet.co.kr/view/?no=20160626112725&re=R_20160701080734

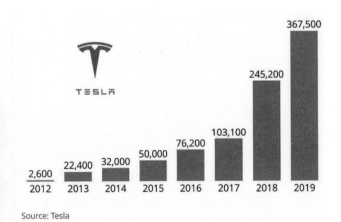

Source: Tesla

Tesla Deliveries Soared to New Heights in 2019
Tesla's annual vehicle deliveries since 2012

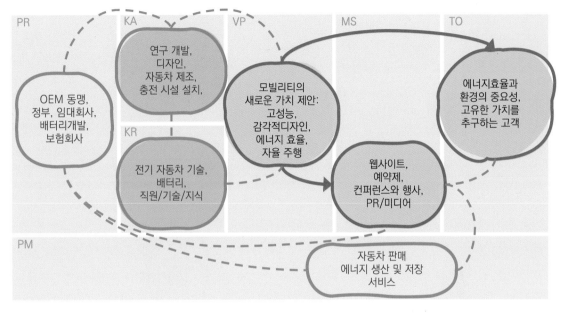

VP 최첨단 기술의 제품인 전기자동차와 Autopilot, 무료충전, 온라인 예약구매 등의 새로운 경험, 감각적인 디자인 등 매력적 요소로 똘똘 뭉친 모빌리티의 새로운 가치를 제시

TO 자동차에 대한 관심이 높은, 에너지효율과 환경영향의 중요성을 자각하는, 타인의 관심과 평가에 예민한 고객들을 타겟

MS CEO의 대중적 인기를 적극 활용한 Event, 오프라인 체험 공간, 쉽고 편리한 예약시스템, 광고 대신 미디어 활용

Differentiation Builders
차별구축

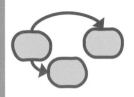

뚜렷한 경쟁우위를 가지고 있는 차별화된 가치를 제안한다. 이를 환영할 고객과 기회를 설정하고 적절한 마케팅 전략을 도출한다.

Bain & Company의 조사에 의하면 "기업이 차별화된 가치를 제공하고 있습니까?"의 질문에 기업 경영진의 80%가 "그렇다"라고 답했다고 합니다. 반대로 고객에게 같은 질문을 하면 약 10%만이 "그렇다"라고 답했다고 합니다. 시장의 90%는 여전히 차별화를 기대하고 있습니다.

Differentiation Builder들은 기존 시장에 변혁을 가져올 차별화된 가치를 창출한다. 기득권을 가진 경쟁자들에게는 눈총이나 조롱을 받겠지만, 앞서가는 고객들의 눈은 호기심으로 가득 찰 것이다. Differentiation Builders에서는 차별화된 가치를 남보다 먼저 누리려는 Early-adopters 고객을 타겟으로 교두보 시장을 점령하고 주류시장으로 확대하기 위한 마케팅이 동반된다.

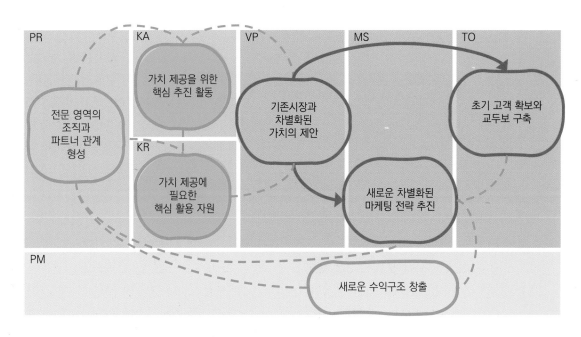

PR 전문 영역의 조직과 파트너 관계 형성

KA 가치 제공을 위한 핵심 추진 활동

KR 가치 제공에 필요한 핵심 활용 자원

VP 기존시장과 차별화된 가치의 제안

MS 새로운 차별화된 마케팅 전략 추진

TO 초기 고객 확보와 교두보 구축

PM 새로운 수익구조 창출

VP 기존에 이미 형성되어 있는 시장에 차별화를 제안함으로써 더 우수한 가치를 제안한다. 제품의 기능과 디자인에서 올 수도 있고, 새로운 경험의 제공일 수도 있다.

TO 고객을 Lock-in하고, 확대하기 위한 목적이 크기 때문에 기존 고객들 속에서 숨어있거나 흔히 보이지 않던 문제나 요구를 밝혀낸다.

MS 기존의 제품이나 서비스와 비교하여 무엇이 더 좋은지를 전달하고, 차별 포인트에 핵심을 둔 마케팅 전략을 도출한다.

Differentiation Builders
차별구축
카카오톡

한국에서 '필수템'이 된 메신저 카카오톡은 통신사 유료 문자메시지가 당연하던 시절 '무료문자'를 제안하였다. 기존 통신사들에게는 수익충격으로, 그러나 이용자들에게는 문화충격으로 다가왔으며, 폭발적인 호응을 얻으며 성장했다. 출시 6개월만에 가입자 100만명, 1년만에 1,000만명을 넘어서며 국내 메신저 시장을 석권하게 된다. 이후 카카오톡은 메신저 플랫폼을 이용한 수많은 앱을 출시하며 범위를 확장했다. 카카오 게임, 카카오 택시, 카카오 뱅크 등 일상에 있어서 필요한 많은 것들을 카카오 플랫폼 내에서 해결할 수 있도록 했다. 또한, 쇼핑이나 선물하기, 결제, 송금 등이 카카오톡이라는 하나의 앱 내에서 모두 가능하도록 만들면서 국민 메신저를 넘어 생활 플랫폼으로 자리매김했다. 이러한 카카오톡의 플랫폼 성공은 주요 허브 서비스인 카카오톡을 무료로 유지하되, 부가적인 서비스를 통한 차별화를 기반으로 수익구조를 지속적으로 확장해온 결과이다.

https://www.ytn.co.kr/_ln/0103_202006191050013899

https://brunch.co.kr/@ericbaek/9

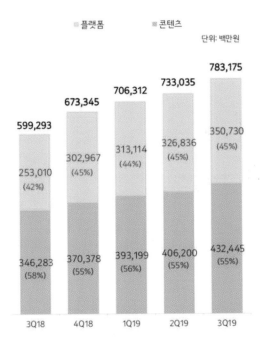

플랫폼 ■콘텐츠

단위: 백만원

				783,175
599,293	673,345	706,312	733,035	
				350,730 (45%)
253,010 (42%)	302,967 (45%)	313,114 (44%)	326,836 (45%)	
346,283 (58%)	370,378 (55%)	393,199 (56%)	406,200 (55%)	432,445 (55%)
3Q18	4Q18	1Q19	2Q19	3Q19

https://byline.network/2019/11/8-55/

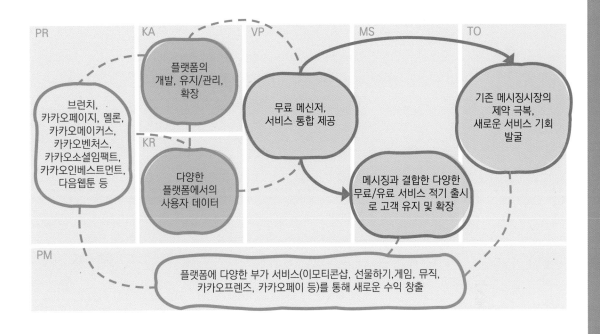

VP 유료 이용이 당연시 되던 통신 업계에, 인터넷만 된다면 무료로 이용가능한 차별화된 메신저를 제공. 이후 카카오톡 아이디만 있으며 통신, SNS, 금융, 쇼핑, 게임 등 다양한 차별화된 서비스를 추가

TO 무료메세지와 무료통화, 다중 채팅기능으로 기존의 메신저 시장을 공략, 성공적인 고객유치 후 플랫폼 서비스를 확장하며 고객 유지 및 확장에 주력

MS 무료 통신기능과 함께 새로운 캐릭터를 활용한 신세대 마케팅 전략, 하트 나누기 무료 게임 등 참신한 고객 유치 전략. 플랫폼 기능 확장으로 고객 유지 및 확대 전략을 추진

1. Match S&D 수급매치
   직방

2. Attack Niche 틈새공략
   CuboAi

Target Opportunity

Target Opportunity

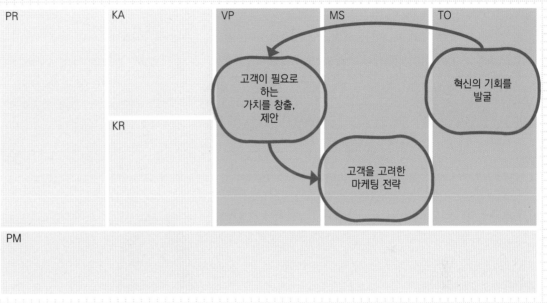

TO를 시작으로 VP와 MS로 진행

혁신의 기회를 바탕으로 이를
만족 시키는 가 치 제 안 과
마케팅 전략을 도출한다.

Match S&D(Supply & Demand)
수급매치

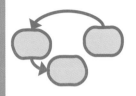

둘 이상의 사용자가 가진 요구
만족과 문제 해결을 타겟 기회로
하여, 양 사이드를 연결시키는
가치제안과 그에 필요한 마케팅
전략을 도출한다.

'초연결 시대'의 새로운 기회는 과거에 중간
거래상이나 매개자를 이용해야만 했던 둘
이상의 고객 그룹들을 서로 쉽고 빠르게 찾고,
만나고, 비즈니스나 활동을 할 수 있도록 하는
것에 있습니다.

손바닥이 마주쳐야 소리가 난다는 말처럼, 비즈니스는 제품
이나 서비스를 제공하는 쪽과 사용하는 쪽 모두가 있어야 이
루어진다. Match S&D는 둘 이상의 집단이 가진 요구를 만
족하고, 서로의 문제 해결을 타겟 기회로 하여 가치주도의
비즈니스 모델을 구상하는 것이다. 대표적으로 결혼정보회
사, 플랫폼 매칭 서비스, 마켓플레이스 등이 있다. 모델의 특
성상 Network Effects(참여자 수에 따른 효과)가 크게 작
용한다.

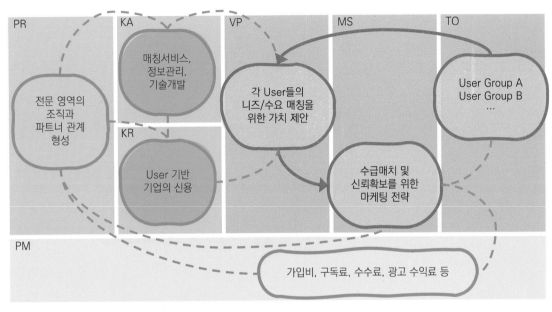

PR 전문 영역의 조직과 파트너 관계 형성

KA 매칭서비스, 정보관리, 기술개발

KR User 기반 기업의 신용

VP 각 User들의 니즈/수요 매칭을 위한 가치 제안

수급매치 및 신뢰확보를 위한 마케팅 전략

MS

TO User Group A User Group B …

PM 가입비, 구독료, 수수료, 광고 수익료 등

TO 둘 이상의 User 집단이 존재. 기존에 중간거래상이나 매개체를 통해서 비싸거나 불편하게 비즈니스를 해온 대상들을 찾아서 이들이 가진 요구와 문제를 혁신 기회로 타겟팅

VP 각 고객의 니즈와 수요에 따라 적합한 가치제안을 도출. 공통의 제안 가치는 고객이 원하는 대상이나 솔루션을 쉽고, 편하고, 빠르고, 믿을 수 있게 연결하거나 찾게 해준다는 것

MS 고객의 입장에 따라 상황에 맞는 마케팅이 필요. 또한 고객들의 정보를 활용해야 비즈니스가 성립되므로 참여자들로부터 신뢰와 인지도를 높이는 전략이 병행되어야 함

Match S&D
수급매치
직방

직방은 2012년부터 서비스를 시작한 App형태로 구현된 최초의 부동산 중개 플랫폼으로, 이용자 점유율 1위의 기업이다. 직방은 공급자와 이용자를 연결하는 가치 이외에 스마트폰으로 실시간 확인 가능하면서도 충분히 신뢰할 수 있는 부동산 매물을 찾는 사용자 니즈와 쉽고 편리하게 다양한 사람들에게 매물을 소개하고 싶은 공급자의 니즈를 위한 가치를 양측에 동시에 제공한다. 매칭 플랫폼에서 핵심인 신뢰도를 쌓기 위해서 별도의 연구소를 두고 '프롭테크'(PropTech)를 활용한 빅데이터 분석으로 허위매물과 부정확한 정보를 차단한다. 비즈니스 초기에는 1인 가구, 사회초년생 등을 타겟으로 원룸/투룸 위주로 서비스를 제공했다. 현재 더 넓은 연령층과 아파트까지 비즈니스 영역을 확장했으며 VR을 통해 집에 직접 방문하여 보는 것 같은 서비스를 제공하고 있다.

http://www.sisajournal.com/news/articleView.html?idxno=202432

http://www.m-i.kr/news/articleView.html?idxno=660985

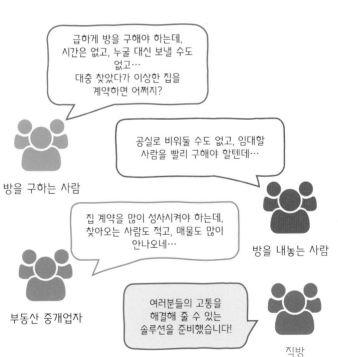

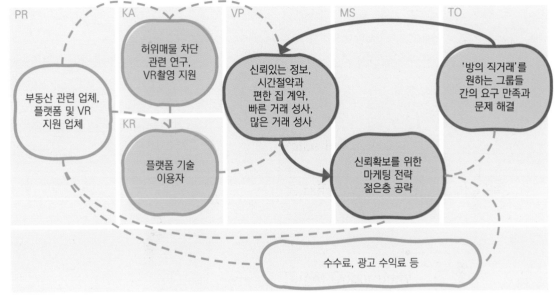

TO 임차인과 임대인, 중개인으로 구성되는 부동산 시장의 이해관계자가 모두 고객. 고객들은 믿을 수 있고, 합리적인 가격으로 빠르게 계약을 하고 싶어하며, 중개인의 경우 많은 계약을 성사시키고 싶은 니즈가 존재

VP 시간을 투자해서 집을 구하기 어려운 고객에게 편하고 빠르고 믿을 수 있게 집을 찾을 수 있는 서비스. 임대인 고객에게는 빠르고 쉽게 거래의 성사를, 중개인에게는 더 많은 거래를 성사할 수 있는 가치를 제공

MS 다면 고객의 공통된 니즈가 믿을 수 있는 거래라는 것을 주목하여, 신뢰도를 높이기 위한 연구와 마케팅에 집중. 플랫폼이 익숙하고, 임시 거처의 수요가 많은 젊은 층을 공략하기 위한 홍보

Attack Niche
틈새공략

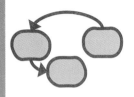

특정지역이나 특정고객의 특별한 요구 만족과 문제 해결을 타겟으로 가치제안의 도출과 마케팅 전략을 수립한다.

Niche는 라틴어인 nidus(둥지)에서 출발해서 프랑스어인 niche(벽감)에서 영어로 전환된 단어입니다. 작은 특별한 시장에서 대중적이지는 않지만 자신들만의 고유한 니즈를 가진 고객들을 말합니다.

Niche 시장에서의 특별한 요구와 문제를 대상으로 대중적이지는 않지만 특별한 기능의 솔루션을 통해서 더 큰 가치를 제공하려는 것이 틈새공략이다. 틈새시장이라고 해서 수익창출 가능성이 낮다거나 매출 규모가 작은 것은 결코 아니다. 크기가 작다 크다가 아니라, 대중적인지, 특정한 니즈가 있는지에 따라 구분된다. 세탁기가 Mass 시장이라면 스타일러는 Niche 시장이라 할 수 있다. 스타일러가 타겟한 기회는 일반 세탁기의 요구와는 매우 다른 것이다.

Target Opportunity

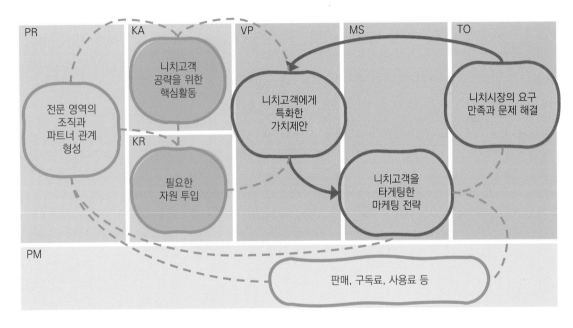

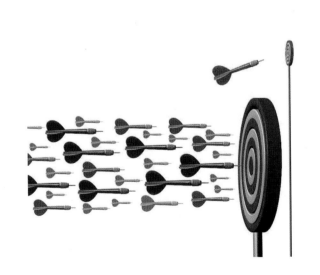

TO 특정한 니즈를 가진 고객집단에 집중하고, 이들이 가진 요구와 문제에서 기회를 발굴.구매력이 큰 니치고객을 대상으로 하여 이들이 기존의 대중과 다른 특별한 니즈가 무엇인가를 도출

VP 고객 맞춤화, 브랜드 고급화, 고객 존중의 가치를 제공. 니치고객들이 기존의 시장에서 찾을 수 없었던 신선하고 새로운 가치의 솔루션을 제공

MS 니치고객들의 문제해결에 특화된 가치제안임을 알림. 구체적으로 어떤 기능과 혜택이 기존의 솔루션과 다른 가를 부각. 고객이 기존과 다른 특별함을 느낄 수 있는 브랜드로 포지셔닝

Attack Niche
틈새공략
Cubo Ai

안전하게 아기를 돌보는 것은 유아 부모들의 가장 큰 니즈이다. 아기의 상태를 모니터하는 다양한 제품들이 존재하는 시장에서 Cubo Ai는 "부모가 안심하고 쉴 수 있는 솔루션"에 초점을 두었다. Cubo Ai의 공동설립자 Joanna는 아기를 키우면서 느꼈던 불안감을 계기로 소아과의사 Kenneth Yeh와 함께 인공지능 기술을 이용하여 아기의 호흡에 영향을 미치는 등 위험한 상황이 발생했을 때 경고를 주는 스마트 베이비 모니터를 개발했다. Cubo Ai의 인공지능 기술이 아기의 얼굴이 엎어지거나 무언가에 덮이면, 혹은 설정한 위험 지역 경계에 아기가 들어갔을 시에 모바일 앱에 푸시알림을 보낸다 이 밖에도 아기의 수면분석 등 부모가 양육 과정에서 도움을 받을 수 있는 통합 기능을 제공한다. 육아, 유아 제품은 중요한 틈새 니즈가 있지만 정확한 요구를 파악하기 어려운 시장이다. Cubo Ai는 이런 시장의 특성을 파악해 독점 기술 개발을 통해 기존의 베이비 모니터링 시스템과 차별점을 두었고 초기 판매 방식으로 크라우드 펀딩을 선택하여 해당 분야 최대의 실적을 달성했다.

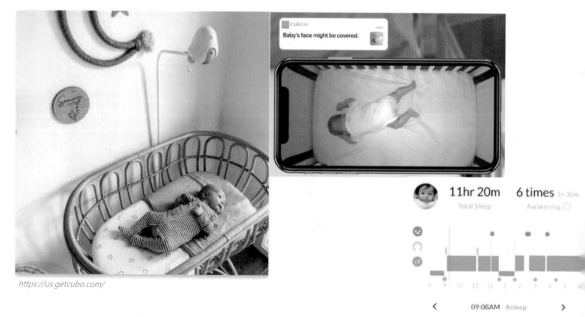

https://us.getcubo.com/

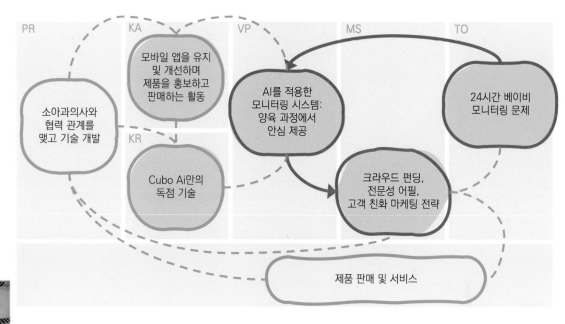

93% of 6,182 parents reported better peace of mind

TO 영유아 어린이들은 24시간 돌보아야 하지만 현실적으로는 매우 어려움. 안심하고 아기의 상태 모니터링을 맡기고 스스로 상태 판별이 가능한 지능적 솔루션이 필요

VP 인공지능을 활용하여 육아의 상황을 이해하고 지원해 주는 시스템을 제공. 아기의 안전과 부모의 안심을 최대한 만족할 수 있는 솔루션 제안

MS 1년 이상의 설문 및 대면 조사, 다양한 프로토타입을 통한 실험 반복. 크라우드 펀딩을 활용하여 판매 채널을 구축하면서 동시에 마케팅 창구로 활용. 실제 육아맘과 소아과의사의 콜라보라는 홍보 효과

Marketing Strategy

Marketing Strategy

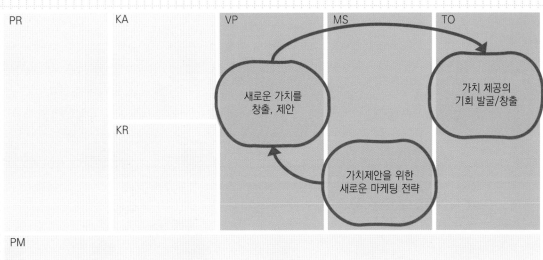

PR	KA	VP	MS	TO

새로운 가치를 창출, 제안

가치 제공의 기회 발굴/창출

가치제안을 위한 새로운 마케팅 전략

KR

PM

MS를 시작으로 VP와 TO로 진행

신선한 마케팅 전략을
기반으로 새로운 가치제안과
혁신의 기회를 도출한다.

Dual Track
듀얼트랙

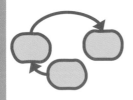

온라인과 오프라인의 장점을 극대화하여 고객 만족도를 높이기 위한 마케팅 전략을 짜고, 이를 기반으로 가치제안과 타겟기회를 도출한다.

고객을 오프라인 매장에 최대한 많이 유치하기 위한 전략의 하나가 바로 듀얼트랙을 활용하는 것입니다. 특히 매장의 쇼루밍(Showrooming) 현상을 줄이기 위한 방법이기도 하지요.

Dual Track을 활용한 마케팅 전략은 주로 O2O 방식을 따르고 있다. 온라인과 오프라인을 동시에 활용함으로써 제품 홍보와 고객의 만족도를 높이는 전략을 추진한다. 온라인 쇼핑 및 결제시스템으로 인해 편리함 뿐만 아니라 자유로운 쇼핑과 쿠폰 및 이벤트의 혜택을 받는다. 오프라인에서는 구매에 대한 부담감 없이 서비스를 받을 수 있고, 이벤트의 즐거운 경험을 누릴 수 있다. 두 가지 트랙의 시너지 효과를 노리는 것이다.

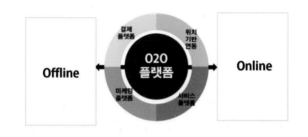

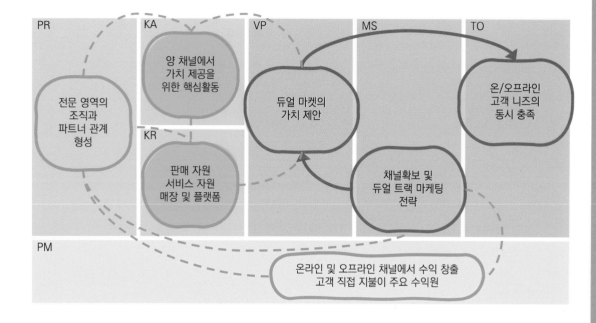

PR	KA	VP	MS	TO
전문 영역의 조직과 파트너 관계 형성	양 채널에서 가치 제공을 위한 핵심활동	듀얼 마켓의 가치 제안		온/오프라인 고객 니즈의 동시 충족
	KR 판매 자원 서비스 자원 매장 및 플랫폼		채널확보 및 듀얼 트랙 마케팅 전략	

PM

온라인 및 오프라인 채널에서 수익 창출
고객 직접 지불이 주요 수익원

MS 오프라인과 온라인의 장점을 강화하고 단점을 최소화하면서 고객을 유치할 수 있는 전략을 세움. 흔히 O2O 방식으로 온라인과 오프라인 채널을 동시에 운영

VP 온라인 채널을 통해 새로운 경험과 이벤트를 제공할 수 있으며, 오프라인 채널을 통해 실질적 체험이 가능. 온-오프라인 모두 고객 맞춤을 제공하며, 고객이 원하는 채널을 이용 가능

TO 오프라인 또는 온라인이 편하고 익숙한 고객 모두에게 가치제공이 가능. 제안하는 가치에 따라 선호하는 채널의 고객 니즈를 만족시킴

Dual Track
듀얼트랙
Bonobos

남성의류 브랜드 보노보스(BONOBOS)는 일반적인 의류 기업들이 오프라인에서 운영하던 사업을 온라인으로 확장해 나가는 것과는 반대로 온라인에서 오프라인으로 사업의 영역을 넓혔다. 보노보스는 2012년에 Guideshop이라는 오프라인 채널을 오픈하였는데, Guideshop은 다른 의류업체의 오프라인 매장과는 달리 모든 스타일 및 치수의 샘플과 함께 탈의실이 있는 자그마한 쇼룸처럼 꾸며져 있다. 예약한 고객이 스타일리스트의 도움을 받아 옷을 골라 입어볼 수 있지만 구매는 온라인을 통해서 한다. 재고 부담이 거의 없으면서도 옷을 사기 전에 입어보고 싶다는 고객의 니즈를 충족시켜줌으로써 고객 접점을 확대한 것이다. 오프라인에서의 대면 서비스와 온라인 구매의 편리함을 결합한 것이다.

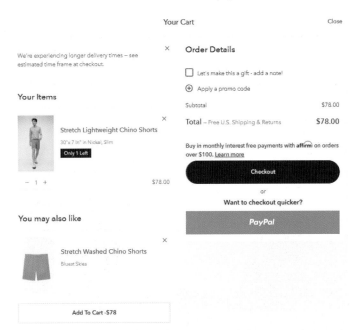

https://bonobos.com/
https://m.post.naver.com/viewer/postView.nhn?volumeNo=26878875&memberNo=4055930

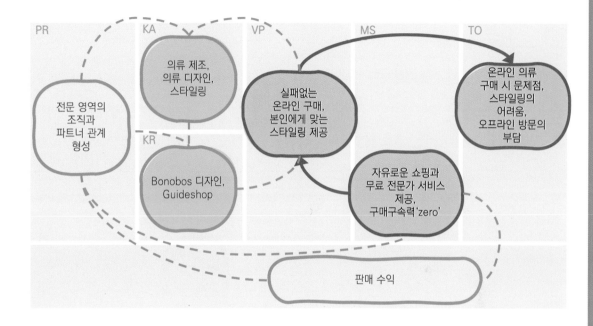

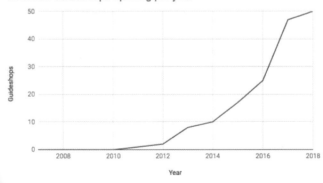

Bonobos Guideshops opening per year

MS 오프라인에서 부담없는 쇼핑과 전문적인 매장의 스타일리스트의 세심한 고객 서비스를 누리고, 결제는 온라인에서 자유로이 할 수 있는 구매구속력 'zero'의 마케팅 전략

VP 고객맞춤 서비스와 전문 스타일리스트로부터 고객의 스타일링을 서비스로 제공. 이 모든 가치를 구매에 대한 부담없이 편하게 경험하는 가치를 제안

TO 오프라인 또는 온라인이 편하고 익숙한 고객 모두에게 가치제공이 가능. 제안하는 가치에 따라 선호하는 채널에서의 고객 니즈를 만족

High Touch
하이터치

고객에게 직원의 전문성, 꼼꼼하고 세심한 배려, 대우받고 있다는 느낌을 제공하고, 이러한 마케팅을 기반으로 가치제안과 타겟기회를 도출한다.

고객은 왜 '특별한 대접'에
반응하는 것일까요?
우리는 어떤 솔루션만이 필요한 것이 아니라,
그 솔루션을 통해서 자신의 특별함이
인정되기를 기대하고 있습니다.

솔루션에 대한 고객의 긍정적인 반응은 매우 단순하게 나타난다. 직원의 전문성과 친절함을 넘어서, '대우받는다'라는 느낌을 받았을 때 고객은 재방문과 재구매라는 행동으로 반응한다. 당연히 이러한 고객의 반응은 기업의 수익 증대로 이어진다. 고객과의 관계가 밀접해 질수록 기업은 고객을 더 잘 알 수 있고, 고객에게 더 필수적인 것을 제공하고, 고객은 기업을 더 신뢰하게 된다. '하이터치' 마케팅을 통해서 새로운 수익창출이 가능한 이유이다.

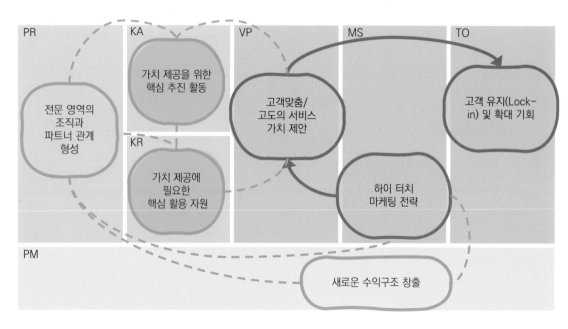

MS 하이터치의 고객 맞춤은 고객에 대한 깊은 이해가 기반. 고객의 더 많은 정보가 오픈되기 때문에 기업의 전문성과 신뢰를 쌓을 수 있는 전략이 요구됨. 고품격/고급화 전략이 동반

VP 매우 세심한 고객 맞춤화와 고도의 전문적 서비스 제공을 핵심 가치로 제안. 또한 고객의 품격을 높여주는 브랜드로 가치를 부각

TO 일반적으로 이미 충성고객 반열에 있는 고객을 대상으로 하는 경우가 많음. 그들을 유지하기 이해 정성을 쏟고, 이들의 감동에 힘입어 새로운 고객을 확보할 기회를 도출

High Touch
하이터치
Apple

최초의 개인용 컴퓨터를 만든 회사인 애플은 철저히 고객을 위한 각종 체험과 서비스를 제공하는 'Genius Bar'로 마케팅을 혁신하였다. 일상적인 디스플레이의 경우 보통 프로모터가 옆에 와서 물건이나 서비스를 권하지만, Genius Bar의 경우 마치 Pub에서 술을 따라주는 웨이터처럼 고객의 앞에서 고객이 원하는 정보를 선별하여 제공해준다. 직원들에게는 판매수당을 없애고 좋은 서비스를 하는 직원들을 골라 승진시키는 방법을 택했다. 이러한 혁신을 통해 애플스토어는 고객들이 언제나 부담 없이 들어 배우고 체험할 수 있는 곳으로 변했다. 직원들의 서비스 마인드는 최고수준으로 격상하였으며, 애플은 첨단 라이프 스타일의 상징으로 떠올랐다. 이로 인해 고객들은 친절하고 숙련된 직원들과 함께 문제를 해결할 수 있으며, 이 서비스는 애플의 명성을 높이는 데 결정적으로 기여하게 된다.

https://m.cetizen.com/6720/view/23/6720/rview/5/21399/special

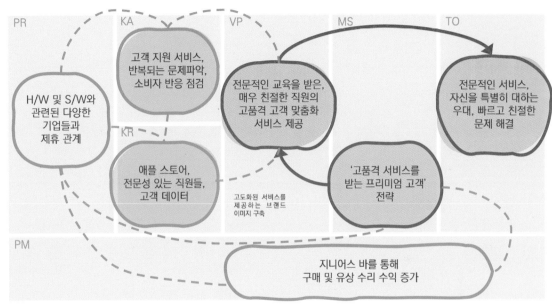

PR

KA

고객 지원 서비스,
반복되는 문제파악,
소비자 반응 점검

VP

전문적인 교육을 받은,
매우 친절한 직원의
고품격 고객 맞춤화
서비스 제공

MS

TO

전문적인 서비스,
자신을 특별히 대하는
우대, 빠르고 친절한
문제 해결

H/W 및 S/W와
관련된 다양한
기업들과
제휴 관계

KR

애플 스토어,
전문성 있는 직원들,
고객 데이터

고도화된 서비스를
제공하는 브랜드
이미지 구축

'고품격 서비스를
받는 프리미엄 고객'
전략

PM

지니어스 바를 통해
구매 및 유상 수리 수익 증가

MS 애플 스토어의 Genius Bar 를 이용하면 더욱 특별한 '고객 대우'를 받을 수 있음을 대서특필하고, 고품격 서비스를 받는 고객이 된다는 전략을 펼침

VP 고객이 신뢰할 수 있는 전문가로부터 맞춤형 '특별' 케어를 받는다는 느낌을 받도록 함. 고객은 자신이 특별한 존재이고 '대우받고 있음'을 느낌

TO 하이테크를 선호하는 고객이 '하이터치' 서비스를 받고 싶어하는 요구에 타겟. 전문적이고 신속하게 응대하는 친절한 케어로 인하여 '대우받음'을 체험

Value-Driven 6 Features

VP Focus: Value Proposition	Pioneering Leaders 선두주자	기존과 차별화된 가치제안으로 경쟁우위를 높인다.
	Differentiation Builders 차별구축	기존에 없던 새로운 가치제안으로 마켓리더가 된다.
TO Focus: Target Opportunity	Match S&D 수급매치	둘 이상 그룹의 니즈를 매칭하여 가치를 제공한다.
	Attack Niche 틈새공략	특별한 니즈를 가진 고객에 맞춤형 가치를 제공한다.
MS Focus: Marketing Strategy	Dual Track 듀얼트랙	온오프라인의 강점을 살리는 전략으로 가치를 높인다.
	High Touch 하이터치	특별한 대우를 제공하는 전략으로 고객 충성도를 높인다.

Resource-Driven 6 Features

Key Activities

1. Gap Makers 갭메이커
2. Smart Movers 스마트무버

Key Resources

1. Digital Resource 디지털자원
2. Network Effects 네트워크효과

Partner Relationship

1. Multi-Biz Collaboration 합종연횡
2. Mutual Understanding 의기투합

Key Activities

Key Activities

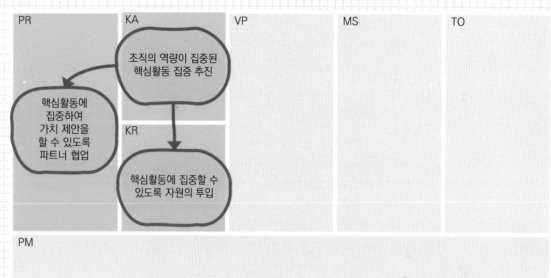

PR	KA	VP	MS	TO
핵심활동에 집중하여 가치 제안을 할 수 있도록 파트너 협업	조직의 역량이 집중된 핵심활동 집중 추진			
	KR 핵심활동에 집중할 수 있도록 자원의 투입			
PM				

KA를 시작으로 KR과 PR로 진행

핵심활동에 대한 집중적인
투자와 노력을 기반으로
혁신역량을 키운다.

Gap Makers
갭메이커

'초격차'를 위한 핵심활동을 집중적으로 육성하여 이를 기반으로 필요한 핵심자원과 외부 파트너쉽을 도출한다.

육상계에 가히 전설적인 우사인 볼트 선수는 타고난 신체조건을 가졌을 뿐만 아니라, 초인적인 훈련으로 단거리 경기에서 2,3위가 범접할 수 없는 초격차를 보여줍니다. 바로, 살아있는 Gap Maker죠. 탁월한 핵심활동을 위해서 꾸준히 투자와 육성을 한다면 기업에도 그대로 적용될 수 있는 모델입니다.

기업이 보유하고 있는 핵심역량을 개발하고 그를 기반으로 핵심활동을 향상시키는 것은 당연한 일이다. 한국 기업이 가진 세계 최고 수준의 조선 기술, 세계 최고의 반도체 기술, 세계 최고의 수하물 배송 서비스 등이 그 예이다. 핵심역량의 한 축이 바로 '혁신역량'이다. 더 큰 가치를 제공하기 위해서 끊임없이 새로운 길을 찾는 역량, 즉 혁신역량이 뛰어날수록 변화에 능동적으로 대처할 수 있고 새로운 기회를 찾는 데에 적극적이 된다.

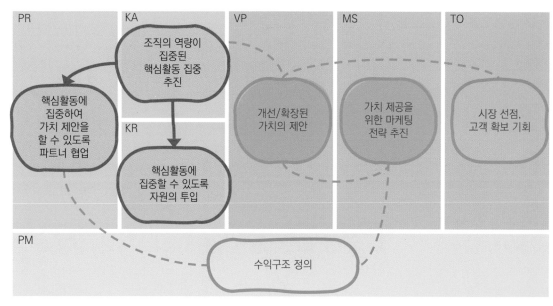

PR	KA	VP	MS	TO

조직의 역량이 집중된 핵심활동 집중 추진

핵심활동에 집중하여 가치 제안을 할 수 있도록 파트너 협업

KR

개선/확장된 가치의 제안

가치 제공을 위한 마케팅 전략 추진

시장 선점, 고객 확보 기회

핵심활동에 집중할 수 있도록 자원의 투입

PM

수익구조 정의

KA 기존의 핵심활동을 어떻게 새로운 차원으로 업그레이드할 것인지, 혹은 새로운 핵심활동은 무엇인가를 도출

KR 업그레이드된 혹은 새로운 핵심활동에 필요한 자원은 무엇인지를 파악. 필요한 경우 M&A 등을 통해서 얻을 수 있는 자원도 고려

PR 핵심활동이 더 큰 격차를 만들 수 있도록 외부의 파트너쉽을 통한 협업을 구상. 내부의 활동에 시너지 효과를 낼 수 있는 외부 협업모델을 구상

Gap Makers
갭메이커
삼성전자 반도체

1983년 삼성이 반도체산업에 도전장을 낸 이후로, 메모리 반도체 시장에서는 수 십년간 소위 '치킨 게임'(다른 경쟁자가 쓰러질 때까지 수익을 최소화한 경쟁을 지속함)이 지속되었다. 공격적인 설비투자로 시장의 선도자를 추구하다가 막상 공급과잉이 되면 헐값에 제품을 팔아야 하는 수요공급의 사이클로 인하여 수많은 메모리 사업자들이 쓰러져왔다. 이 게임에서 삼성이 메모리 분야의 절대 강자가 된 비결은 바로 '초격차 전략'이다. 단순히 기술 격차만이 아니라 연구 개발, 제조 라인, 시스템, 인프라, 일하는 방법, 문화 등 모든 부문에서의 절대적 우위를 추구하려는 혁신이 20년 이상 지속되었고, 그 결과는 경쟁자들이 감히 따라올 수 없는 다방면에서의 절대우위를 점하게 된 것이다. 한 발 앞선 신제품 출시와 대량생산 체제 구축, 과감한 선제적 투자와 기술개발, 글로벌 공급망을 수시로 체크하고 재조정하는 오퍼레이션과 IT인프라 등, 단순히 메모리 반도체의 시장 점유율 1인자가 아닌, 반도체 산업에서 '새로운 격'을 만들어낸 사례이다.

(참고: '초격차', 권오현 저, 쌤앤파커스, 2018)

https://www.samsung.com/semiconductor/

https://www.facebook.com/samsungsemiconstory/

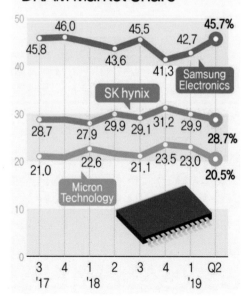

DRAM Market Share

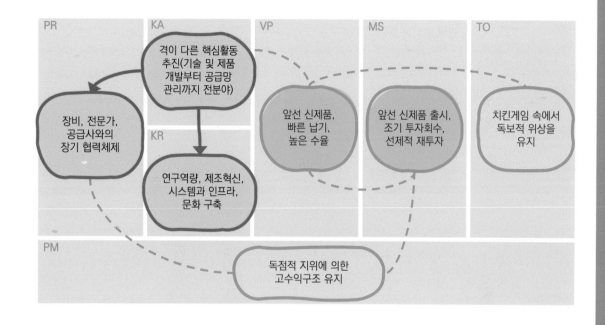

KA 반도체 기술 개발과 제조 등 핵심활동에 집중 투자와 혁신을 지속. 격이 다른 핵심역량이 타의 추종불가한 초격차를 만들어내는 핵심활동을 가동

KR 탁월한 연구역량, 제조혁신, 시스템과 인프라 구축, 문화 등 초격차 활동에 필요한 자원을 확보하고 육성

PR 제조장비업체와의 긴밀한 협력체계, 외부 전문인력의 활용, 원자재 공급사와의 장기적 관계 구축

Smart Movers
스마트무버

스마트한 핵심활동으로 진화함으로써 운영 효율성을 높이고 이를 기반으로 수익구조를 개선한다. 이러한 활동을 위한 핵심 자원과 파트너쉽을 새롭게 구한다.

'스마트무버'란 기존의 핵심활동이 사람의 판단과 경험에 의존해 오던 것에서 진화하여 데이터와 Business Intelligence를 결합한 스마트한 활동으로 전환함으로써 더 큰 경쟁력을 얻는 조직을 의미합니다.

핵심활동에 디지털 기술을 접목하여 기존의 생산성과 효율을 크게 개선하고, 더불어서 사람의 판단과 경험에 의존해온 업무들을 인공지능과 데이터를 활용하여 지능화하는 것이 스마트무버의 혁신 출발점이다. 예를 들어서, ICT 기술은 스마트 팩토리에 적용되어 제품의 품질개선과 생산효율에 직접적인 기여를 하기도 하지만, 조직의 운영을 효율화시킴으로써 고객에게 가치를 제공할 기회를 확대하는데 기여하기도 한다.

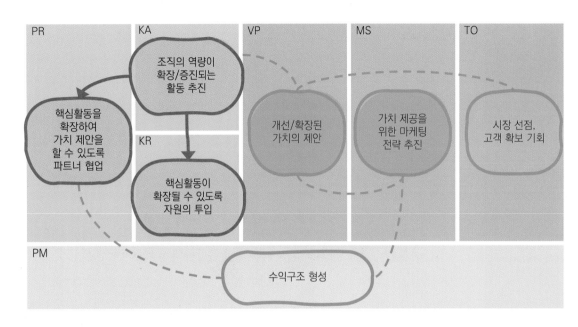

KA 고객 응대 서비스가 핵심인 조직에서는 고객응대와 더불어 업장의 관리, 재고관리 역량이 매우 중요. 핵심활동을 증진하기 위해 지능형 플랫폼을 도입한 운영관리의 스마트화를 추진

KR 운영의 스마트를 위해 확보하고 있는 데이터가 핵심자원. 고객 데이터는 고객 맞춤화와 수요예측에 중요정보가 되며, 날씨와 지역의 생활정보는 수요예측과 마케팅의 활용 자원임

PR 플랫폼의 개발, 데이터의 수집 및 관리에 필요한 전문성을 가진 파트너와 협력. 고객의 개인정보를 다루는 경우 높은 수준의 보안도 중요

Smart Movers
스마트무버
스타벅스 Deep Brew

스타벅스의 인공지능 플랫폼 Deep Brew는 효율적인 매장 운영과 구매고객을 대상으로 고객경험을 강화하는데 활용되고 있다. 스타벅스는 Deep Brew를 기반으로 매장 내 식자재의 재고 수요를 예측하고 매장을 효과적으로 운영하는데 필요한 바리스타 수를 분석한다. 이를 통해 확보한 시간을 직원이 고객과의 상호작용에 집중하도록 분배한다. 또한 AI로 사용자의 성향을 파악해 개인 맞춤 메뉴를 추천하고 날씨, 매장별, 시간대별 인기 메뉴를 추천한다. Deep Brew 플랫폼은 마이크로소프트 사와의 협력을 통해 개발되었으며 지속적인 투자로 인간중심의 디지털전략 기술 개발을 진행할 계획이라고 한다. 이처럼 스타벅스는 인공지능 플랫폼 Deep Brew를 통해 효율적인 매장 Backend 관리를 함으로써 운영 비용을 줄이고 있다.

https://www.marketwatch.com/story/starbucks-gets-personal-with-deep-brew-artificial-intelligence-program-2019-10-31

https://cryptoinvestinginsider.com/blog/heres-why-everyone-is-obsessed-with-starbucks/

Q 서비스 가장 좋은 커피 전문점 업체?

순위	업체	비율
1위	스타벅스	**61.3%**
2위	빽다방	10.6%
2위	이디야	**10.6%**
4위	투썸플레이스	9.2%
5위	파스쿠찌	5.1%
6위	카페베네	1.4%
7위	엔제리너스	0.9%
7위	탐앤탐스	0.9%

그래픽 DIZZO 자료 에스에이컨설팅 대상 남녀 1,085명

DIZZO.COM

http://digitalchosun.dizzo.com/site/data/html_dir/2019/04/23/2019042380150.html

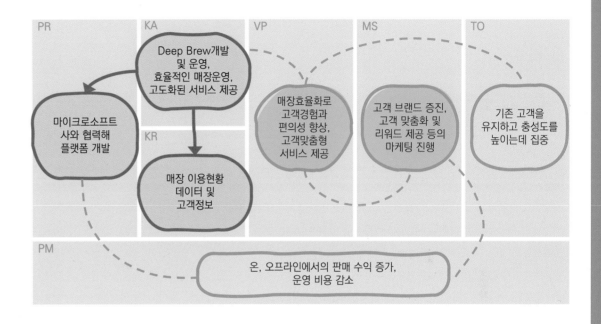

KA 인공지능 플랫폼을 통해 효율적인 매장 운영으로 직원의 시간을 확보하였고 그 시간을 고객과의 소통에 사용. 개인 맞춤형 메뉴, 상황별 인기 메뉴들을 추천하는 등 고객맞춤형 서비스를 제공

KR 인공지능 플랫폼을 사용자가 사용하기 쉽게 스마트폰 어플로 제공, 핵심자원인 이용고객과 고객의 매장 이용정보를 효율적으로 확보

PR 인공지능 플랫폼의 개발 및 운영과 관련하여 마이크로 소프트 사와 협력. 글로벌 소프트웨어 전문기업인 MS가 협력함으로써 고객 신뢰도를 확보하는데 유리하게 작용

Key Resources

Key Resources

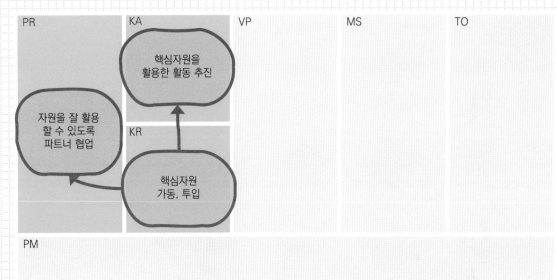

PR	KA	VP	MS	TO

PR — 자원을 잘 활용 할 수 있도록 파트너 협업

KA — 핵심자원을 활용한 활동 추진

KR — 핵심자원 가동, 투입

PM

KR을 시작으로 KA와 PR로 진행

핵심자원에 새로운 투자와 육성을 하거나, M&A를 통해서 새로운 자원을 확보한다.

Digital Resource
디지털자원

디지털 자원을 기반으로 하여 새로운 핵심활동과 파트너관계를 구축함으로써 더 높은 경쟁우위를 추구한다.

21세기 경영의 최대 자원은 바로 '디지털 자원'이라고 할 수 있습니다. 20세기 경영의 핵심자원이었던 고도의 설비와 인적자원에서 디지털 자원에 의한 변혁에 경영자의 관심이 높아지고 있습니다.

최근 기업에게 디지털 자원은 고도의 효율성과 생산성 달성에 활용할 수 있는 가장 중요한 자원으로 부상하였다. 많은 비즈니스 모델에서의 성공의 열쇠가 디지털 자원을 얼마나 잘 활용하느냐에 달려 있다. 기업이 축적할 수 있는 디지털 자원의 대부분은 고객과 프로세스로부터 나온다. 디지털 자원에 의한 변혁, 즉 '디지털 트랜스포메이션'이 현대 경영의 화두이자 새로운 성장의 변곡점을 만드는 동력이 되고 있다.

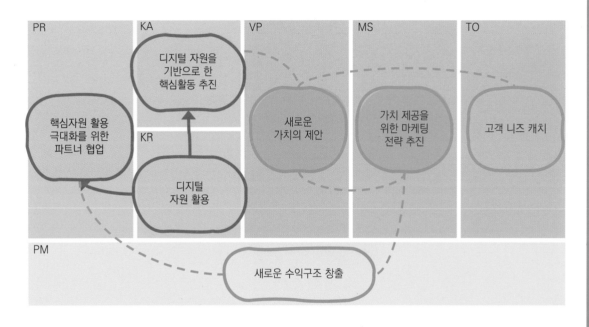

PR ｜ KA ｜ VP ｜ MS ｜ TO

핵심자원 활용 극대화를 위한 파트너 협업

디지털 자원을 기반으로 한 핵심활동 추진

KR

디지털 자원 활용

새로운 가치의 제안

가치 제공을 위한 마케팅 전략 추진

고객 니즈 캐치

PM

새로운 수익구조 창출

KR 고객의 구매 및 방문 이력, 선호도 및 반응 등 데이터가 핵심자원. 이 데이터들을 수집하고 정제하여 디지털 자원으로 활용. 비즈니스 서비스의 질과 운영 효율을 증대

KA 디지털 자원을 활용하여 고객 분석, 제품 및 서비스 반응, 매장 및 재고 분석 등을 추진. 고객으로부터 나온 데이터를 수집 및 가공, 비즈니스에 활용하는 것이 주된 역량

PR 고객으로부터의 Raw 데이터가 쉽고 빠르게 Big 데이터로 활용될 수 있도록 시스템 구축 및 운영을 위한 파트너십을 구축

Digital Resource
디지털자원

Zara

패스트패션의 강자인 ZARA는 MIT와 함께 개발한 재고 최적 분배시스템과 RFID 기술을 적용하여 최적의 재고관리 시스템을 완성함으로서 새로운 부가가치를 창출한다. 각 매장 데이터를 분석하여 어느 매장에 얼마만큼의 제품을 공급할 것인지 결정하는 수학적 알고리즘을 자체 개발하여 이를 적극 활용하고 있다. 이러한 새로운 프로세스의 도입으로 과거 판매 데이터와 각 매장의 주문량과 사이즈를 참고하여 Forecasting Model이 수요예측을 하게 되고 이후 물류창고 담당부서가 아닌 Optimizing Model이 매장내 재고와 물류창고 재고를 파악하여 전체 매출을 극대화하는 방향으로 출하수량을 결정한다. 이를 통해 시간과 비용이 절약되며, 소비자들은 더 저렴한 가격에 트렌드를 반영한 짧은 주기의 신제품 옷들을 빠르게 받아볼 수 있다. Zara는 이처럼 기존 프로세스에서 디지털화가 필요한 부분이 무엇인지를 정확히 파악하고 이를 디지털 기술 및 자원과 결합하여 새로운 부가가치를 창출함으로써 지금까지 성공한 전통기업으로서의 지위를 이어나가고 있다.

https://m.blog.naver.com/PostView.nhn?blogId=jobspro23&logNo=221554010579&proxyReferer=https:%2F%2Fwww.google.com%2F

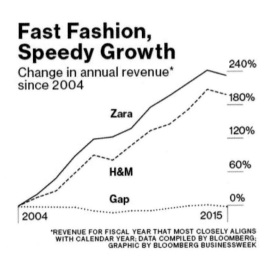

Fast Fashion, Speedy Growth

Change in annual revenue*
since 2004

Zara

H&M

Gap

240%

180%

120%

60%

0%

2004   2015

*REVENUE FOR FISCAL YEAR THAT MOST CLOSELY ALIGNS
WITH CALENDAR YEAR; DATA COMPILED BY BLOOMBERG;
GRAPHIC BY BLOOMBERG BUSINESSWEEK

*https://digital.hbs.edu/platform-digit/submission/zara-achieving-
the-fast-in-fast-fashion-through-analytics/*

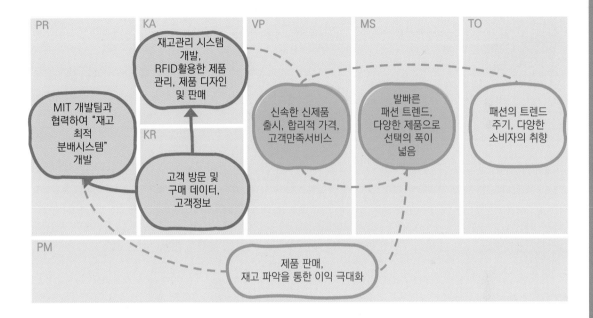

KR 매장에서 수집한 다양한 고객 데이터가 핵심 자원. 방문한 고객의 피팅룸 이용 이력, 구매이력, 소셜미디어 등을 통한 반응조사 등을 끊임없이 추적하여 데이터를 축적

KA 고객의 패션 센서빌리티를 파악하기 위한 중앙 분석 시스템을 구축. 고객 활동 분석을 통해 신속한 신제품 출시, 신규상품 진열, 재고관리 등을 최적으로 운영

PR 고객으로부터의 Raw 데이터가 자동으로 구축될 수 있도록 시스템 구축 및 운영을 위한 파트너십을 구축

Network Effects
네트워크효과

사용자 네트워크를 핵심자원으로 하여 핵심활동과 파트너관계로 확대해 나간다.

더 많은 사람들이 참여할 수록 비즈니스의 가치는 증대되며, 제공 가치를 원하는 사람들이 늘어날수록 파트너들의 참여와 협력도 강화될 수 있습니다.
앱스토어의 성공이 한 예이지요.

ICT기반의 융복합 비즈니스를 구상할 때 한번쯤은 고려해볼 만한 부분이 바로 네트워크효과이다. 온라인으로 연결된 다양한 채널을 전략적으로 활용하여 현재보다 더 많은 사람들이 참여하고 활동할 수 있다면, 이는 곧 더 큰 가치를 제공하는 비즈니스 혁신의 기회가 될 수 있다. 스마트폰 앱스토어는 바로 이러한 기회를 포착하여 앱의 급증과 사용자들의 확산을 가능케 하였다. 애플은 앱스토어에서만 년간 17조원에 달하는 수입을 올리고 있다.

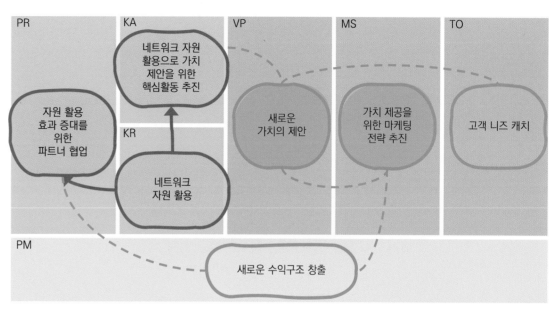

PR	KA	VP	MS	TO
자원 활용 효과 증대를 위한 파트너 협업	네트워크 자원 활용으로 가치 제안을 위한 핵심활동 추진	새로운 가치의 제안	가치 제공을 위한 마케팅 전략 추진	고객 니즈 캐치
	KR 네트워크 자원 활용			

PM

새로운 수익구조 창출

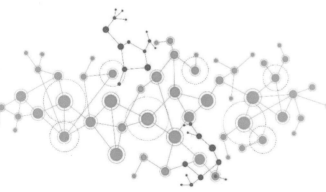

KR 사용자 네트워크가 곧 핵심자원. 네트워크 자원을 현재보다 더 키움으로써 관련된 활동과 파트너 관계를 확대하고 이를 통해서 더 큰 가치를 제공

KA 네트워크 자원이 기반이 되어 제공할 수 있는 활동을 강화. 주로 서비스 플랫폼의 개발과 운영, 고객관리가 주된 핵심활동으로 꼽힘

PR Network Effects 비즈니스 모델의 성공을 위해서는 파트너들의 참여가 필수. 수익창출의 기반이 되는 강력한 파트너 협업관계를 구축

Network Effects
네트워크효과

TikTok

TikTok은 Z세대 사이에 가장 영향력 있는 SNS로 급부상중인 Short Video 애플리케이션이다. TikTok의 핵심 서비스는 'short-form' 영상 편집으로, 모바일로 누구나 쉽게 영상을 편집할 수 있다는 특징을 가진다. TikTok은 해시태그를 사용하면 누구나 'For You' 피드에 배치 가능한데, 이는 사용자가 보다 잘 구성된 SNS 플랫폼보다 훨씬 빠르게 많은 팔로워를 확보할 수 있는 이점이 있다. 이 For You 피드를 기반으로 형성된 네트워크 효과로 TikTok의 이용자수는 기하급수적으로 늘어나게 된다. 이후 TikTok은 MCN 파트너사인 샌드박스네트워크, 트레져헌터, 순이엔티와 MOU를 체결하고 플랫폼 내 콘텐츠 다양성 확보 및 역량있는 크리에이터 육성을 위해 힘쓴다. 이를 바탕으로 크리에이터와 광고주의 직접 연결이 가능한 틱톡 공식 인증 MCN 시스템을 도입하였고, 크리에이터 입주와 광고 섭외 등을 지원하며 양사가 공동의 수익을 창출할 수 있는 상생 비즈니스 모델을 구축하게 된다. 이러한 ForYou 피드와 파트너십 활용을 통해 폭발적인 성장을 이루어낸 TikTok은 150개국에서 75개 언어로 서비스되고, 10억 명 이상의 사람들이 사용하는 글로벌 앱으로 성장하였다.

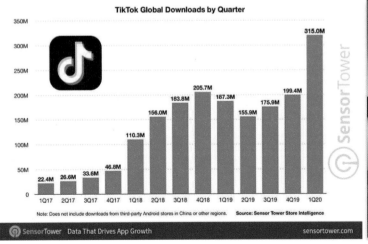

https://www.doorcreative.com/magazine19/1020-

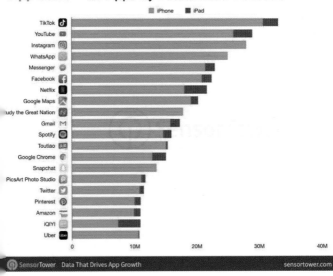

App Store ▸ Q1 Apps by Worldwide Downloads

■ iPhone ■ iPad

TikTok
YouTube
Instagram
WhatsApp
Messenger
Facebook
Netflix
Google Maps
tudy the Great Nation
Gmail
Spotify
Toutiao
Google Chrome
Snapchat
PicsArt Photo Studio
Twitter
Pinterest
Amazon
iQIYI
Uber

0   10M   20M   30M   40M

SensorTower   Data That Drives App Growth   sensortower.com

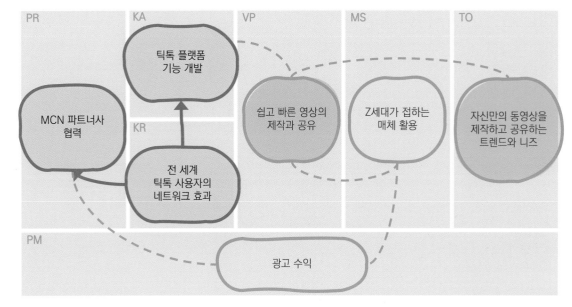

KR TikTok 플랫폼에서 전세계 다양한 사용자들이 팔로워로 연결된 네트워크 효과. 이 네트워크 효과의 크기는 어플리케이션 다운로드 수에 비례

KA TikTok 플랫폼의 개발 및 운영, 고객관리가 핵심활동. 전세계에 퍼져있는 10억 명 이상의 고객들이 실시간 업로드 하는 영상이 차질없이 진행되도록 역량을 집중

PR TikTok MCN 파트너사와의 협력을 바탕으로 광고주와의 직접적인 연결이 가능한 '플랫폼 공식 인증 MCN 시스템'을 도입

1. Multi-Biz Collaboration 합종연횡
   신라트립

2. Mutual Understanding 의기투합
   PASS

Partner Relationship

Partner Relationship

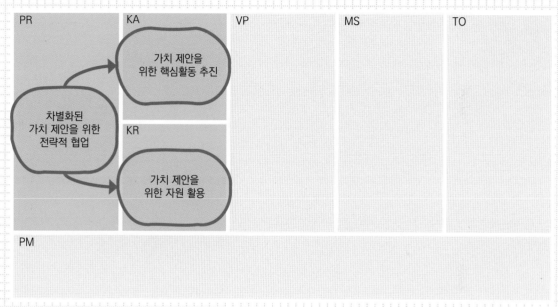

PR	KA	VP	MS	TO

차별화된
가치 제안을 위한
전략적 협업

가치 제안을
위한 핵심활동 추진

KR

가치 제안을
위한 자원 활용

PM

전략적 파트너십으로 기업 내부의 한계를 보완하고, 경쟁력이 일취월장 할 수 있다.

Multi-Biz Collaboration
합종연횡

나의 역량과 다른 역량들을 서로 합하여 새로운 경쟁력을 가진 가치를 제공한다. 이러한 파트너관계를 설정하고 이에 따른 핵심활동과 핵심자원을 구상한다.

"새로운 파트너십을 통해서 더 큰 경쟁력을 가진 제품이나 서비스가 가능할까?"라는 질문을 해보십시요. 때로는 경쟁자와의 파트너십으로 기존의 서비스 경쟁력을 높일 수도 있는데, 항공 동맹체인 '스카이팀'이나 '스타얼라이언스'가 그 예입니다.

기업이 가치 창출의 모든 부분을 혼자서 하는 시대는 저물고, 생태계 내의 협업과 긴밀한 파트너십으로 유연하고 신속하게 고객가치를 창출하는 시대가 되었다. Apple은 스마트폰과 앱의 제조사가 아니지만 세계에서 가장 앞선 스마트폰과 앱을 제공하고 있는 것처럼, 역량이 뛰어난 기업들의 '합종연횡'으로 고객 가치 창출에 더 신속하고 큰 기회를 만들어낼 수 있다. 사회적 영향력이 있는 기업간의 파트너십은 대중의 이슈로 부상하여 그 자체로 홍보의 기회가 되기도 한다.

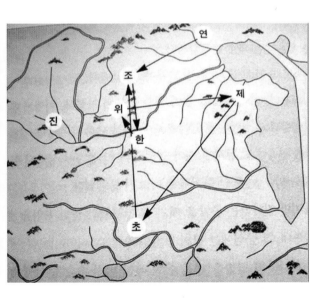

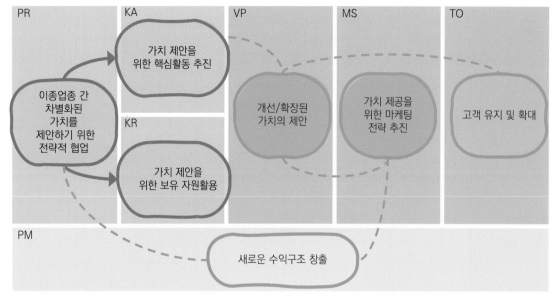

PR 새로운 제품이나 서비스 창출을 위해 기업 간 협력을 추진함. 기업간 협력을 통해서 다양한 형태로 고객에게 차별화된 가치를 제안

KA 파트너 관계를 맺는 기업들의 역할을 분배. 통합적으로 제공될 가치에 대한 Win-Win의 활동을 추진

KR 이종업종간 협력은 서로의 자원을 공유하고 활용하기 위함. 파트너들의 자원을 최종의 가치를 창출하는 데에 활용

Multi-Biz Collaboration
합종연횡
신라트립

신라면세점은 2019년 12월 항공권, 호텔, 액티비티 예약, 여행 정보 제공, 신라면세점 쇼핑까지 오픈마켓 형태로 한 곳에 모은 통합 여행 플랫폼 서비스 신라트립을 출시했다. 신라트립은 여행사들과 제휴를 맺어 여행사에서 판매하는 상품을 소비자에게 제공하고 부킹닷컴, 아고다, 익스피디아 등 호텔 예약 사이트의 상품과 실시간 가격 비교 서비스를 제공한다. 또한 실시간 질의응답 셀러톡 등의 서비스를 제공하며 통합 멤버십과 리워즈 지급을 통해 사용자에게 편의성을 제공한다. 또한 사용자가 직접 작성하는 후기를 통해 여행 크리에이터로서 개인적인 수익을 창출할 수 있는 기능을 도입했다. 신라트립은 흩어져 있던 이종 업체들을 통합 여행 플랫폼으로 한 곳에 모아 고객에게 전달하는 새로운 형태의 서비스를 제공한다.

https://www.news1.kr/articles/?3786821

https://m.blog.naver.com/silviadoes/221826072441

면세점 쇼핑

여행 정보 습득

SHILLA TRIP
신라트립

고객
다양한 여행 상품과 정보를 한눈에.
상품 구매하면 면세점 포인트까지!

여행사
여행 高관여 고객을 대상
신규 판매채널 확보, 마진율 증대

면세점
여행준비-면세쇼핑 통합 서비스로
고객 혜택 및 로열티 강화

여행 예약

항공권 구매

호텔 예약

신라면세점, 통합 여행 플랫폼 '신라트립' 개념도 /사진출처=호텔신라

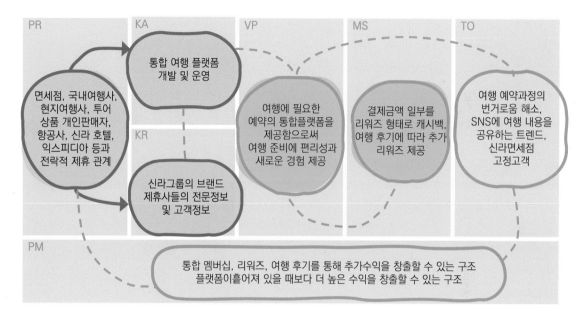

PR

면세점, 국내여행사, 현지여행사, 투어 상품 개인판매자, 항공사, 신라 호텔, 익스피디아 등과 전략적 제휴 관계

KA

통합 여행 플랫폼 개발 및 운영

KR

신라그룹의 브랜드 제휴사들의 전문정보 및 고객정보

VP

여행에 필요한 예약의 통합플랫폼을 제공함으로써 여행 준비에 편리성과 새로운 경험 제공

MS

결제금액 일부를 리워즈 형태로 캐시백, 여행 후기에 따라 추가 리워즈 제공

TO

여행 예약과정의 번거로움 해소, SNS에 여행 내용을 공유하는 트렌드, 신라면세점 고정고객

PM

통합 멤버십, 리워즈, 여행 후기를 통해 추가수익을 창출할 수 있는 구조
플랫폼이흩어져 있을 때보다 더 높은 수익을 창출할 수 있는 구조

PR 여행 계획에 필요한 각각의 분야들을 제휴하여 하나의 플랫폼에서 편리하게 제공하고자 파트너십을 구축

KA 통합 여행 플랫폼을 개발, 운영. 고객이 플랫폼에서 각 제휴사가 제공하는 정보를 쉽고 편리하게 이용할 수 있도록 서비스 제공

KR 신라면세점이라는 브랜드로 고객 신뢰를 얻고, 각 제휴사들의 전문정보와 고객정보를 핵심자원으로 활용

Mutual Understanding
의기투합

같은 업종 내의 경쟁자들이 서로 같은 목적을 가지고 협력하여 경쟁력이 높은 솔루션을 제공하고자 한다. 이를 기반으로 필요한 핵심활동과 핵심자원을 구상한다.

같은 시장을 대상으로 서로 경쟁관계에 있는 기업들이 늘 경쟁만 해서는 Pie를 키우는데 한계가 있습니다. 혁신적인 가치를 창출하기 위해서 때로는 서로 의기투합하여 더 큰 새로운 시장을 창출할 필요가 있습니다.

경쟁관계에 있는 기업들간의 전략적 협업은 혼자서 추진하기 어려운 기회를 만들어내고 능력을 공유하며 새로운 비즈니스 창출의 시너지를 갖는다. 동종업계에 있는 경쟁자간의 결합은 독보적인 경쟁우위에 서며 누구도 시도하지 못했던 더 큰 능력을 발휘할 수 있다. Multi-Biz Collaboration의 경우와 같이, 기업간의 파트너십 자체가 대중의 이슈가 된다.

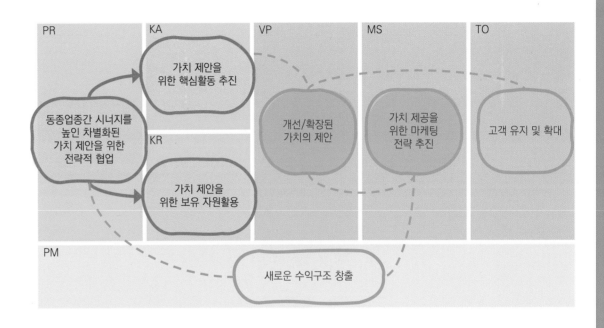

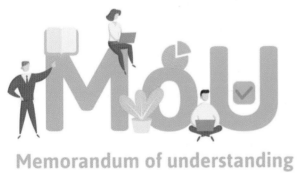

Memorandum of understanding

PR 새로운 제품이나 서비스 창출을 위해 경쟁관계에 있는 기업들이 협력. 같은 업종의 기업들이 같은 목적을 위해서 고객에게 차별화된 가치를 제안

KA 협력을 통해 시너지를 얻을 수 있는 핵심활동을 추진. 동종업종 내의 기업들이 공동의 핵심활동으로 업계의 독보적 가치 확보

KR 동종업종 내의 협력이 가진활용자원의 그 범위와 규모가 특장점. 각 기업들이 보유하고 있는 고객, 기술, 데이터 등을 핵심자원으로 활용

Mutual Understanding
의기투합
PASS

공인인증서가 폐지되고 사설 인증 시장에서 우위를 점하기 위해 이동통신 3사(SKT, KT, LG U+)가 전략적인 제휴를 맺어 간편 본인 인증 서비스를 제공하는 어플리케이션 PASS를 출시했다. SKT 인증, KT 인증, U+ 인증으로 각각 나눠져 있던 인증 어플리케이션을 하나로 통합한 것이다. 이동통신 3사는 보유하고 있는 5,000만 고객의 전화번호 데이터를 이용하여 통합 간편본인인증 서비스를 제공하며 간편한 프로세스로 본인확인과 전자서명을 한 번에 처리하는 인증 솔루션을 제공한다. 또한 금융거래에 더 쉬워진 인증 절차로 효과적인 금융 서비스 제공이 가능하다. B2(B2)C 수익모델로 사설인증기관으로부터 수수료를 받아 지속적인 수익을 창출하며 고객으로부터는 어플리케이션이 제공하는 다양한 부가서비스로부터 부가적인 수익을 창출한다. 최근 모바일 운전면허 확인 서비스를 도입해 편의점에서 성인 인증 활용 용도로 사용할 수 있으며 전국의 운전면허시험장에서 운전면허증 갱신, 재발급, 영문 운전면허증 발급 때 사용할 수 있게 되었다.

http://www.techdaily.co.kr/news/articleView.html?idxno=6521

Google Play

Partner Relationship

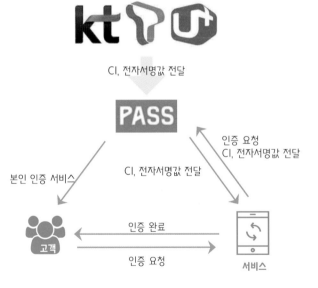

CI, 전자서명값 전달

PASS

인증 요청
CI, 전자서명값 전달

본인 인증 서비스

CI, 전자서명값 전달

인증 완료

인증 요청

고객

서비스

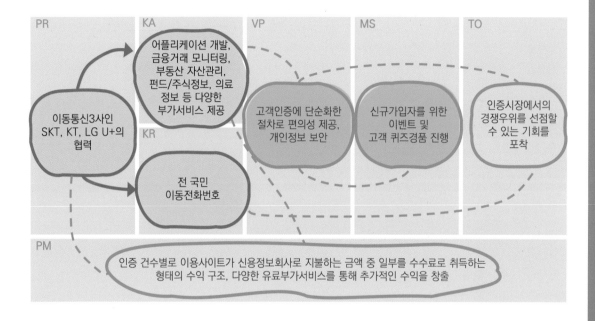

PR 경쟁관계에 있는 국내 이동통신 3사가 새로운 고객 서비스를 창출하기 위해 전략적으로 파트너십을 맺음. 공동으로 스마트폰을 통한 간편인증 서비스 제공

KA 스마트폰 간편인증 서비스를 제공하기 위한 어플리케이션을 개발하고, 인증 솔루션을 제공. 모바일 운전면허 도입 등 인증을 위한 활용 확장을 위한 활동에 주력

KR 이동통신사 3개 기업이 보유하고 있는 고객 정보 및 휴대전화번호가 핵심자원. 국내 휴대전화 보유율은 95%이상으로, 이동통신 3사가 전국민 정보를 보유하고 있는 셈

Resource-Driven 6 Features

KA Focus: Key Activities	Gap Makers 갭메이커	핵심활동에 대한 지속적 투자와 육성으로 독보적인 위상을 갖는다.
	Smart Movers 스마트무버	스마트한 프로세스로 고객에게 제공할 가치의 수준을 높인다.
KR Focus: Key Resources	Digital Resource 디지털자원	디지털 자원의 새로운 활용으로 고객에게 더 큰 가치를 제공한다.
	Network Effects 네트워크효과	사용자가 많아질 수록 솔루션의 가치가 높아지게 된다.
PR Focus: Partner Relationship	Multi-Biz Collaboration 합종연횡	다른 기업들의 능력을 모아 더 큰 가치를 제공한다.
	Mutual Understanding 의기투합	경쟁관계에 있는 기업들의 협력으로 더 큰 기회를 만든다.

Profit-Driven 1 Feature

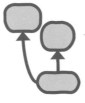

Profit Model

1. Disruptive Formula 공식파괴

1. Disruptive Formula 공식파괴
   에어릭스

Profit Model

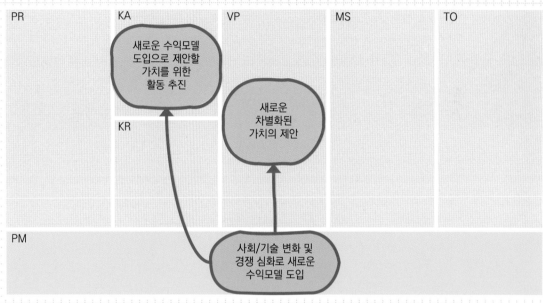

PR	KA	VP	MS	TO

새로운 수익모델
도입으로 제안할
가치를 위한
활동 추진

KR

새로운
차별화된
가치의 제안

PM

사회/기술 변화 및
경쟁 심화로 새로운
수익모델 도입

PM을 시작으로 KA와 VP로 진행

변화를 선도하고 지속적
수익이 가능한 새로운
수익모델을 구상한다.

Disruptive Formula
공식파괴

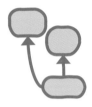

기존 가치를 높이고 경쟁구도를 파괴할 수 있는 혁신적 수익모델을 구상한다. 이를 기반으로 새로운 가치제안과 핵심 활동을 도출한다.

새로운 수익모델은 새로운 고객을 창출합니다.
고가의 자산을 소유하고 그에 따른 높은 감가상각비와
(품위)유지비를 지불하는 대신에, 자산을 임대해서
사용하며 저가의 고정비와 유지비를 지불하는 것이
갈수록 선호되고 있습니다.

기술의 발달과 함께 산업 및 사회, 경제, 산업의 변화가 진행됨에 따라, 전통적 방식의 비즈니스 모델 수익구조로는 기업의 생존이 어려워졌다. 유사한 제품을 선보이는 수많은 경쟁업체의 등장과 다양한 매체로 인한 경쟁심화로, 단순 판매/제공으로 인한 일회성 수익이 아닌, 연속적인 수익 창출이 강조되고 있다. 수익창출의 연속성을 위해서는 고객 유지를 위한 마케팅도 중요하지만, '스마트한' 비즈니스 모델에서는 수익공식의 파괴를 통하여 고객이 지속적으로 이용할 수 있는 서비스 구조를 합리적 비용을 강조하여 제안하고 있다.

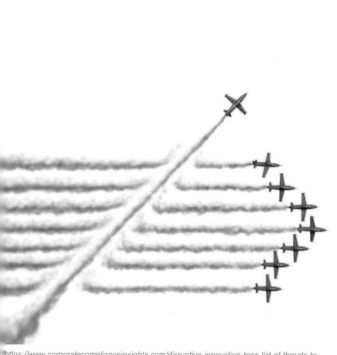

https://www.corporatecomplianceinsights.com/disruptive-innovation-tops-list-of-threats-to-companies-is-your-organization-thinking-and-acting-digital/

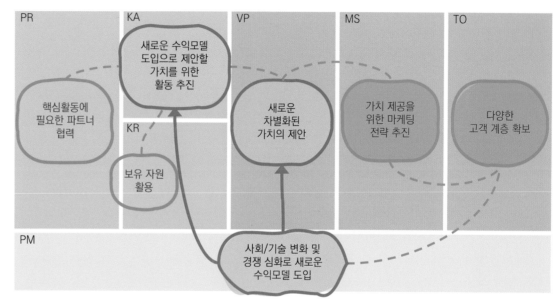

PM 고객에게 지속적인 서비스와 경험하지 못한 새로운 가치를 제공할 수 있는 차별화된 수익모델을 제안

KA 파괴적인 수익모델은 차별화된 서비스 모델을 개발하는 활동을 동반. 새로운 핵심활동은 고객의 지속적인 피드백을 통하여 업그레이드 되어야 함

VP 새로운 수익모델이 고객에게 합리적 라이프사이클 비용과 함께, 새롭고 차별화된 가치를 제공해 줄 수 있음을 제안

Disruptive Formula
공식파괴

에어릭스

산업현장 스마트팩토리 종합솔루션 기업인 에어릭스는 초기 비용부담을 최소화하면서 초기단계의 스마트팩토리 환경을 구현하길 원하는 중소기업을 위한 솔루션을 출시하였다. 에어릭스의 설비 모니터링 시스템은 기존 설비에 에어릭스의 IoT 센서를 부착하면 자체 서버 클라우드를 통해 PC, 노트북, 휴대폰 등에서 원격으로 설비상태를 감시할 수 있는 것이 가장 큰 특징이다. 에어릭스는 초기 구축에 드는 비용 때문에 스마트팩토리 도입을 망설이는 중소, 중견 제조업체를 위해 해당 시스템을 월정액 서비스로 출시했다. 센서 10개를 기반으로 10대의 설비를 모니터링하는 기본형 상품, 20대 설비를 모니터링하는 고급형 상품, 그 외 설비 대수 협의가 필요한 경우 전문가상담형 상품을 선택할 수 있도록 했다. 또한, 기업의 부담은 완화하고 실제 효과를 체험할 수 있도록 계약 체결 시 첫 30일은 무료로 서비스를 제공하는 전략을 펼쳤다.

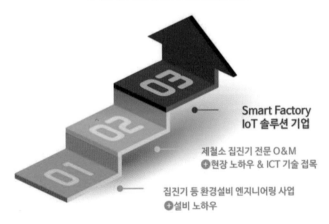

집진설비 설계 및 제조+O&M전문기업
+스마트팩토리 솔루션 등으로 주요 사업 영역 진화

01 02 03

**Smart Factory
IoT 솔루션 기업**

제철소 집진기 전문 O&M
➕ 현장 노하우 & ICT 기술 접목

집진기 등 환경설비 엔지니어링 사업
➕ 설비 노하우

클라우드 **설비상태 원격 모니터링** (기본형)	클라우드 **설비상태 원격 모니터링** (고급형)	클라우드 **설비상태 원격 모니터링** (전문가상담)
모터/ 회전체, 컨베이어 벨트, 유틸리티 라인	모터/ 회전체, 컨베이어 벨트, 유틸리티 라인	모터/ 회전체, 컨베이어 벨트, 유틸리티 라인
• 스마트팩토리 전 기능 제공 • 안전한 보안센터 적용 • 데이터 보안 적용 • 서버운영/관리 인력 불필요 • 담당자 무제한 추가 가능 • 신청 즉시 사용 가능 • 10개 설비 모니터링	• 스마트팩토리 전 기능 제공 • 안전한 보안센터 적용 • 데이터 보안 적용 • 서버운영/관리 인력 불필요 • 담당자 무제한 추가 가능 • 신청 즉시 사용 가능 • 20개 설비 모니터링	• 스마트팩토리 전 기능 제공 • 안전한 보안센터 적용 • 데이터 보안 적용 • 서버운영/관리 인력 불필요 • 담당자 무제한 추가 가능 • 신청 즉시 사용 가능 • 모니터링 설비 수량 협의

http://www.aerix.co.kr/

Profit Model

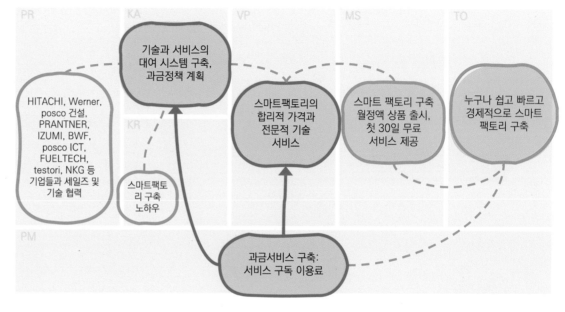

PM 초기구축에 고비용이 드는 스마트팩토리 기술을 월정액으로 이용할 수 있는 수익모델을 제안

KA 고객에게 스마트팩토리 기술과 서비스를 '대여'하기 위한 시스템을 구축. 과금별 서비스 제공 정책을 계획

VP 고비용으로 시도하지 못했던 스마트팩토리를 초기구축비용 없이 합리적인 가격으로 이용 가능하며, 스마트팩토리 기술의 전문적 서비스를 제공

3 Drivers

가치 주도

자원 주도

수익 주도

7 Focuses

가치제안

타겟기회

마케팅전략

핵심활동

핵심자원

파트너관계

수익모델

13 Features

선두주자
차별구축
수급매치
틈새공략
듀얼트랙
하이터치

갭메이커
스마트무버
디지털자원
네트워크효과
합종연횡
의기투합

공식파괴

가치 주도(Value-Driven)

Value Proposition
가치제안(VP)

Target Opportunity
타겟기회(TO)

Marketing Strategy
마케팅전략(MS)

Key Activities
핵심활동(KA)

Key Resource
핵심자원(KR)

Partner Relationship
파트너관계(PR)

자원 주도(Resource-Driven)

Profit Model
수익모델(PM)

수익 주도(Profit-Driven)

5 Business Model Methodology

비즈니스 모델 발굴 방법론

7Step Business Modeling Process

혁신의 Driver-Focus-Feature로 구성된 패턴과 BMT를 활용해서 비즈니스 모델을 발굴하는 방법론의 주요 절차는 다음과 같다:

(1) 3가지 'Driving Questions'에서 출발해서, 각 질문별로 독립적인 Brainstorming을 하고, 이들을 모아서 토론한 후에, "어떤 Driver로 출발할지?"를 결정
(2) 가치-자원-수익 중 영역을 결정하고 이 내부의 패턴 (Focuses & Features)을 사례로써 Study
(3) 패턴을 설정하고 Block들을 채워 나감

3가지 원칙:
(1) 좋은 질문이 좋은 답을 내는 좋은 비결이다: Great Solution by Great Questions
(2) 필요시 언제 어디서라도 이전 단계로 Iterate할 수 있다: No Serial Process
(3) Pivot(새로운 방향으로 전환)은 반드시 '더 나은 곳'을 향해야 한다: Pivot for Better

Iteration은 Innovation의 핵심 기술 중 하나입니다. 한가지에 빨리 수렴할수록 더 나은 대안을 찾기가 어렵지요.

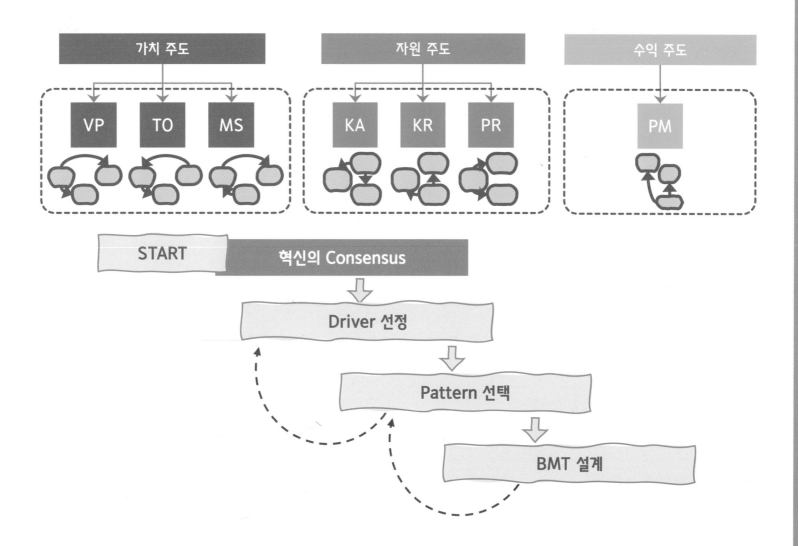

7Step Business Modeling Process

Step 1. 이슈 선정
ex. 비대면 시대의 혁신적 플랫폼 Business 구상!

Step 2. 3가지 Driver에 대한 각각 Pre-Brainstorming
가치주도, 자원주도, 수익주도 각각에 대한 Pre-BS: "온라인 교육의 새로운 가치를 제공하는 플랫폼", "기존 컨텐츠를 업그레이드하여 새로운 시장을 창출", "새로운 과금으로 수익 제고" 등

Step 3. Driver 선정
ex. '가치주도'로 선정: "온라인 교육의 새로운 가치 제공 플랫폼" – 새로운 가치: AI를 통한 개인 학습진도에 맞춘 컨텐츠 추천 및 지속적 동기부여

Step 4. Driver 내 Focus 선정, 1차 BS
ex. 가치주도 VP Focus 선정. VP를 출발점으로 하여 TO 및 MS와의 관계 설정 – TO: 온라인 학습에 실망한 기업 임직원, MS: 새로운 Incentive, 특화 컨텐츠, Credit-Per-View

Step 5. 13 Features의 Reference Model들을 참고하여 주도적 Pattern 선정, 2차 BS
ex. 'Differentiation Builders' 패턴을 선정. 관련된 BM들의 사례를 조사 및 Benchmarking. 구체적 VP-TO-MS 아이디어 도출

Step 6. 7Block BMT 작성, 3차 BS
해당 Driver의 Focus에서 주변 Block으로 확산해 나가며 BMT 작성

Step 7. BMT를 기반으로 초기 Biz 기획, Proposal화

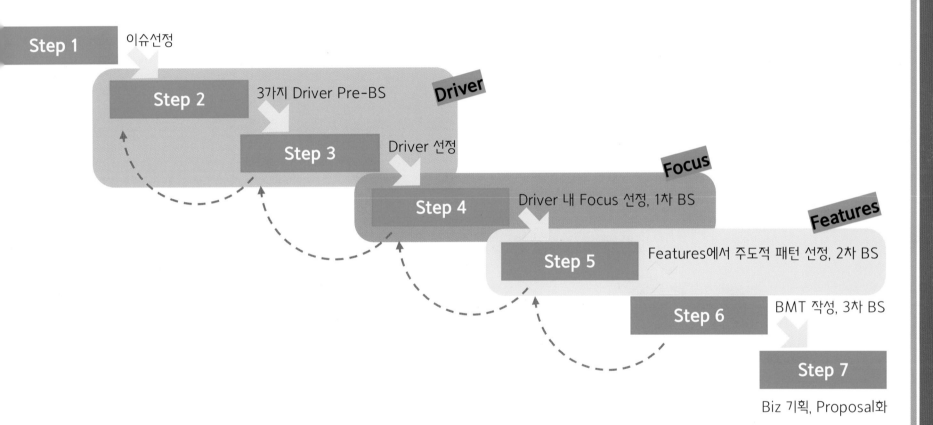

Step 1　이슈선정

Driver

Step 2　3가지 Driver Pre-BS

Step 3　Driver 선정

Focus

Step 4　Driver 내 Focus 선정, 1차 BS

Features

Step 5　Features에서 주도적 패턴 선정, 2차 BS

Step 6　BMT 작성, 3차 BS

Step 7

Biz 기획, Proposal화

Step 1. 비즈니스 Issue를 선정합니다.

> 비즈니스 이슈에는 '상시'와 '특별' 두 가지 유형이 있습니다.
> 상시 이슈는 기업 고유의 업역이나 전문성에 기인한 것을 말하며,
> 특별 이슈는 상황적 가치 판단에 따른 것입니다.
> 마치 미술관의 상설전시관과 특설전시관과 같다고 할 수 있지요.
> 기업은 상시와 특별 이슈를 동시에 능숙하게 다루는
> '양손잡이'가 되어야 합니다.

기업은 새로운 비즈니스를 구상하기 위해 많은 상황을 고려하게 된다. 기업의 전통적인 수행 미션이나 비전이 토대가 될 수도 있고, 시장분석 결과에 모티브를 두기도 한다. 기술혁신, 미래선도사업, 고객가치, 트렌드 등이 이에 해당한다. 때로는 새로운 파트너 이해관계가 형성되면서 비즈니스 이슈가 탄생하기도 한다. 이 경우 기업의 본 사업 영역일 수도, 새로운 사업 영역이 될 수도 있다. 최근에는 산업 전반에서 ICT 융복합 또는 지속가능 비즈니스 등이 이슈로 화두가 되고 있다.

비즈니스 Issue를 선정

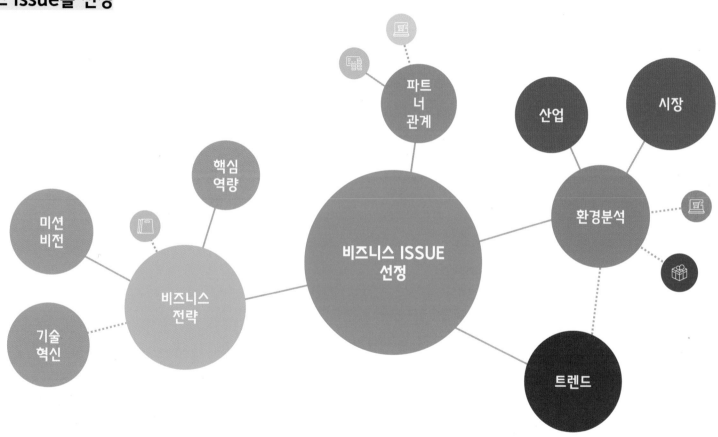

Step 2. 세 가지 Driver 영역에서 각각 Preliminary Brainstorming을 진행합니다.

세 가지 드라이버 영역에서의 핵심 질문에 답해 보세요.
가치주도: 어떤 가치를 제공할 것인가?
자원주도: 어떤 자원을 활용할 것인가?
수익주도: 어떤 수익모델이 가능한가?

가치주도, 자원주도, 수익주도 각각의 Driver에서 초기 브레인스토밍은 비즈니스 모델의 출발점을 결정하는 데 중요한 단계이다. 물론 언제든지 반복된 과정을 진행할 수 있지만, 타당하고 합리적인 의사결정을 하기 위한 시간을 허비할 수는 없다. 각각의 Driver 주제별 자료를 모으고 자유로운 토론을 통해 아이디어를 내고, 간단히 Driver들을 비교를 해 볼 수 있으며, 가장 적절한 새로운 비즈니스 모델의 출발선을 찾는다.

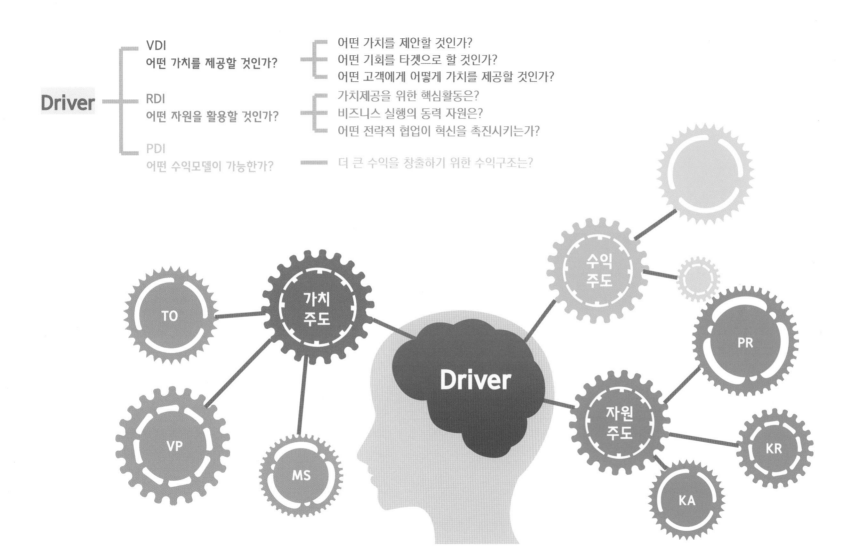

Driver

VDI
어떤 가치를 제공할 것인가?

어떤 가치를 제안할 것인가?
어떤 기회를 타겟으로 할 것인가?
어떤 고객에게 어떻게 가치를 제공할 것인가?

RDI
어떤 자원을 활용할 것인가?

가치제공을 위한 핵심활동은?
비즈니스 실행의 동력 자원은?
어떤 전략적 협업이 혁신을 촉진시키는가?

PDI
어떤 수익모델이 가능한가?

더 큰 수익을 창출하기 위한 수익구조는?

Step 3. 비즈니스 모델의 Driver를 선정합니다.

Pre-Brainstorming을 통해서,
새로운 비즈니스 모델에 가장 적합한 Driver를 선정합니다.
좋은 질문이 좋은 답을 내는 비결임을 기억해주십시오.

비즈니스 모델의 출발선이 되는 Driver를 최종 선정할 때까지, 좋은 질문을 통해서 좋은 답을 내도록 한다. "더 큰 가치를 어떻게 제안할 것인가?", "이 가치를 원하는 고객은 누구인가?", "왜 이러한 가치가 필요한가?", "혁신을 가능하게 할 핵심 자원과 활동은 무엇인가?", "외부 파트너십으로 혁신을 촉진할 수 있는가?", "새로운 수익창출이 가능한 모델은 무엇인가?" 등 Driver를 결정하는데 필요한, 핵심이 되는 질문들을 통해서 그에 대한 답을 이끌어 내고 서로 비교해 본다.

드라이버 선정!

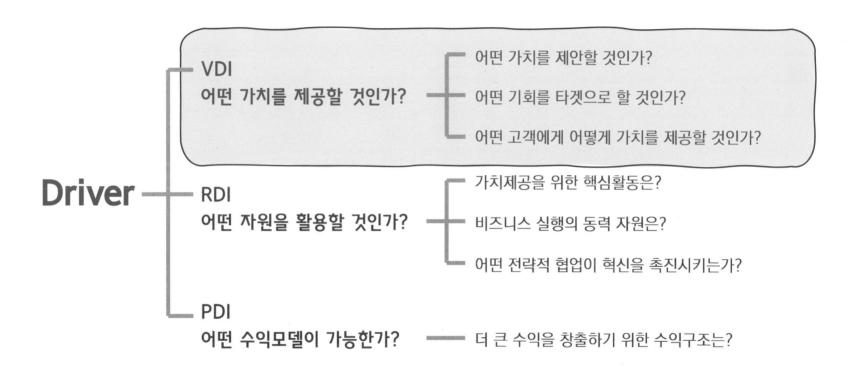

Driver

VDI
어떤 가치를 제공할 것인가?
- 어떤 가치를 제안할 것인가?
- 어떤 기회를 타겟으로 할 것인가?
- 어떤 고객에게 어떻게 가치를 제공할 것인가?

RDI
어떤 자원을 활용할 것인가?
- 가치제공을 위한 핵심활동은?
- 비즈니스 실행의 동력 자원은?
- 어떤 전략적 협업이 혁신을 촉진시키는가?

PDI
어떤 수익모델이 가능한가?
- 더 큰 수익을 창출하기 위한 수익구조는?

Step 4. 집중 Brainstorming을 진행하며 Driver 내 Focus를 선정합니다.

> Driver로 가치주도를 선정했다면,
> Focus 선정을 위해 다음 질문으로 브레인스토밍을 합니다.
> VP: 어떤 가치를 제안할 것인가?
> TO: 어떤 기회를 타겟으로 할 것인가?
> MS: 어떤 고객에게 어떻게 가치를 제공할 것인가?

각 Driver 마다 해당되는 Focus가 있다. 가치주도의 경우 가치전달, 타겟기회, 마케팅 전략 Focus가 있으며, 각 해당 내용에 대하여 집중된 브레인스토밍을 진행, Focus를 선정한다. Focus 선정에서 잊지 말아야 하는 것은 비즈니스 모델의 "출발점이 어디인가" 이다. Driver와 Focus는 출발이자, BM의 중심이 된다. Iteration이 Innovation의 핵심기술임을 기억하자. 비즈니스 모델은 비즈니스가 아니라, 비즈니스의 뼈대가 되는 것이다. 판단과 협의에 기인하므로 처음부터 완벽할 수는 없다. 검증과 진화가 필수이다.

포커스 선정!

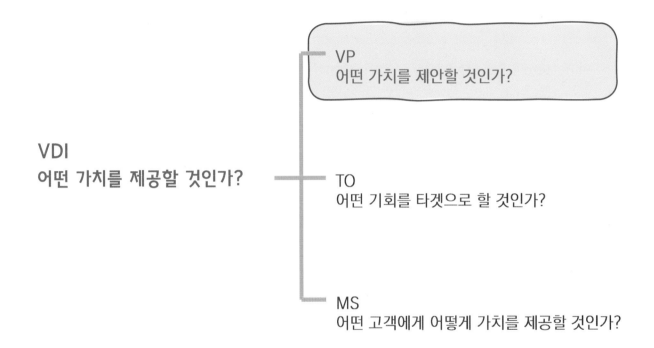

VDI
어떤 가치를 제공할 것인가?

VP
어떤 가치를 제안할 것인가?

TO
어떤 기회를 타겟으로 할 것인가?

MS
어떤 고객에게 어떻게 가치를 제공할 것인가?

Step 5. 두 번째 Brainstorming을 진행합니다.
관련된 Reference Model들을 참고해서 Pattern을 선정합니다.

BM Pattern을 선정하는 과정에서
"이 Pattern이 과연 맞는가? 왜? 어째서?" 하는 질문이 반복
될 수 있습니다. 이것은 절대로 이상한 것이 아닙니다. 계속
질문과 답을 찾아보세요. 반복하고 질문할 수록 새 BM에 더
근접한 Pattern을 찾을 수 있습니다.

13 Features에는 각각의 대표 사례가 레퍼런스로 소개되어 있다. BMT와 함께 제공되는 Feature의 Pattern은 사례를 통해 비즈니스 모델 발굴 활용에 Tip을 줄 수 있다. 사례의 Routine을 따라, 주어진 Feature와 Pattern을 활용해 브레인스토밍해 보자. 브레인스토밍 과정에서 수차례의 반복과 질문은 완성도를 높여준다. Iteration과 Pivot은 이 과정의 필수 요소들이다.

Pattern 선정!

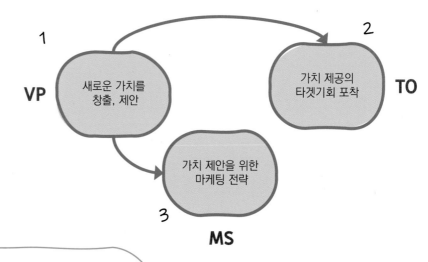

1

VP 새로운 가치를
창출, 제안

2

가치 제공의
타겟기회 포착 TO

3

가치 제안을 위한
마케팅 전략

MS

13 Features의 패턴을 참고할 수 있다.

Pioneering Leader의 경우,

새로운 가치를 먼저 창출한 후(VP)

가치 제안을 위한 타겟기회(TO)와 마케팅 전략(MS) 단계로 진행되는 패턴을 갖는다.

Step 6. 세번째 Brainstorming을 진행, 7Block BMT를 작성합니다.

자, 이제 BMT를 작성해 봅시다.
7개의 블록에 해당하는 새로운 BM의 내용들을
채워봅니다. "출발점"이 되는 Block부터 시작합니다.
그리고 패턴의 순서대로 진행해보세요.

BMT를 작성할 때에는, 처음에는 메모나 Post-It에 적어 놓고, 점점 구체화해 나가는 방식으로 진행한다. 출발점이 되는 항목과 그를 중심으로 한 주도적 Pattern을 먼저 구체화하는 방식으로 나아간다. 주도적 Pattern 항목을 중심으로 스토리를 만들어가면서 작성을 하다 보면, 주변 항목들의 내용은 함께 채워져 나가게 된다. 그러나 반드시 정해진 순서를 따라야만 하는 것은 아니다. 융통성과 적응성이 필요한 단계이다.

BMT 채워 나가기!

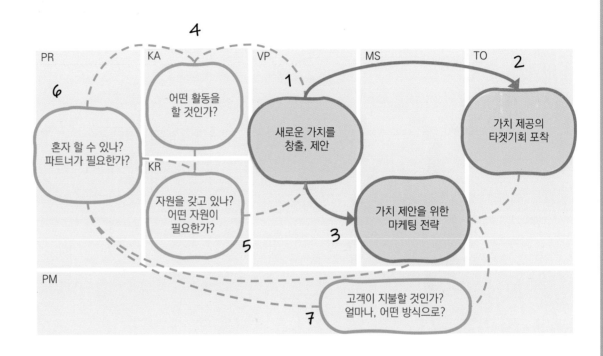

블록을 채우는 순서는 기본 Pattern 이후로는 자유롭다.

질문에 대한 Story Line Up 해 보자.

예를 들어,

"새로운 가치를 창출해서 마케팅 전략과, 고객 기회를 캐치한다. 그렇다면, 어떤 활동을 할 것인데? 자원은 있나? 혼자 가능할까?

고객이 어떤 방식으로 지불하게 하지?" 라면, VP-MS-TO-KA-KR-PR-PM의 순서로 진행할 수 있다.

Step 7. 작성된 BMT를 기반으로 초기 Biz를 기획하고, Proposal을 준비합니다.

사업기획서(Business Proposal)는
사업의 목적, 목적 달성을 위한 활동계획, 활동범위 등을
기술한 초기 제안서입니다. 사업기획서를 통해서 사업 추진의
가능성을 미리 체크하고, Risk 예방을 위한
사전 검토 기회를 제공합니다.

BMT를 기반으로, 사업의 기본 방향을 설정하고, Proposal 작성계획을 수립한다. 단계적으로 기획해야 하는 사업의 이정표를 BMT가 제시해 줄 수 있다. 사업기획서는 사업 성공을 위해 필요한 사항을 체계적으로 검토함으로써, 프로젝트의 가능성과 Risk를 판단하게 해준다. Proposal의 목적에 따라 이해관계자에게 사업에 대한 이해나 홍보를 위해 작성되기도 하며, 투자 의향이나 경영진의 지원을 받기 위한 도구로 활용되기도 한다.

Proposal 준비!

3가지 Driver별 비즈니스 모델 제안 Samples

가치주도: 수급매치
자원주도: 합종연횡
수익주도: 공식파괴

가치주도: 수급매치
"GolfDoum"

Step 1
Issues 선정

비대면 시대의 새로운
형태의 골프 레슨은?

어떻게 지속적으로
동기부여를 할 것인가?

Step 2
3Drivers PreBS

가치주도
나의 수준에 맞는 맞춤형
온라인 레슨 제공

자원주도
고객 데이터 기반의 학습형
서비스 활동

수익주도
무료레슨과 맞춤형
구독서비스 결합

Step 3
Driver 선정

Driver

"가치주도" 선정

맞춤형 서비스, 지속적
동기부여

Focus

"타겟기회" 선정

비대면 시대의 쉽고 빠른,
내 수준과 요구에 맞는 골프 레슨,
최적의 오프라인 레슨 매칭

Step 4
Focus 선정

Step 5
Pattern 선정

Step 6
BMT 작성

"수급매치" 선정

골프레슨을 원하는 사람,
레슨 동영상, 레슨을
제공하는
사람(일반인포함)을 매칭

Features

164

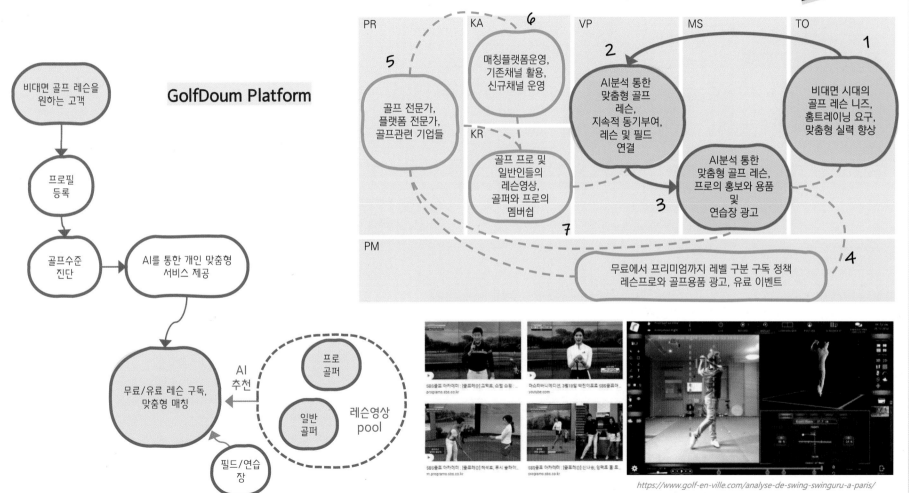

GolfDoum Platform

PR

5
골프 전문가,
플랫폼 전문가,
골프관련 기업들

KA   6
매칭플랫폼운영,
기존채널 활용,
신규채널 운영

KR
골프 프로 및
일반인들의
레슨영상,
골퍼와 프로의
멤버쉽

VP   2
AI분석 통한
맞춤형 골프
레슨,
지속적 동기부여,
레슨 및 필드
연결

AI분석 통한
맞춤형 골프 레슨,
프로의 홍보와 용품
및
연습장 광고
3

MS

TO   1
비대면 시대의
골프 레슨 니즈,
홈트레이닝 요구,
맞춤형 실력 향상

PM
무료에서 프리미엄까지 레벨 구분 구독 정책
레슨프로와 골프용품 광고, 유료 이벤트   4

7

비대면 골프 레슨을
원하는 고객

프로필
등록

골프수준
진단

AI를 통한 개인 맞춤형
서비스 제공

무료/유료 레슨 구독,
맞춤형 매칭

AI
추천

프로
골퍼

일반
골퍼

레슨영상
pool

필드/연습
장

https://www.golf-en-ville.com/analyse-de-swing-swinguru-a-paris/

165

자원주도: 합종연횡
"HomeFarm"

Step 1
Issues 선정

키우는 재미와 먹는 재미를
함께 누리고 싶다.

내가 키운 채소로 건강한
식생활을 즐기고 싶다.

다양한 분야(Home Smart
Farming, Well-Being
Diet 등)의 전문가들을
연계하여 활용한다.

Step 2
3Drivers PreBS

가치주도
스스로 키워서
건강한 식생활

자원주도
Farming-Diet-Cooking
전문가들과의 합종연횡

수익주도
Home Smart Farm
장비렌탈, 씨앗-모종 구독,
식생활 컨설팅

Driver

"자원주도" 선정

Home Smart
Farming 전문가와
맞춤형 건강식단의
개발, 공급 전문가의
협력

Step 3
Driver 선정

Focus

"파트너 관계" 선정

Home Smart Farming 전문가들

건강식단의 개발, 공급 전문가들을 활용한 새로운
가치 창출

Step 4
Focus 선정

Step 5
Pattern 선정

Features

"합종연횡" 선정

외부의 전문기술과 역량을
가진 전문집단들과의
협력을 통한 새로운 가치
제공

Home Smart Farm 에서
키운 채소로 전문가가
추천하는 건강식단을
즐김(Smart Well-Being
Life)

Step 6
BMT 작성

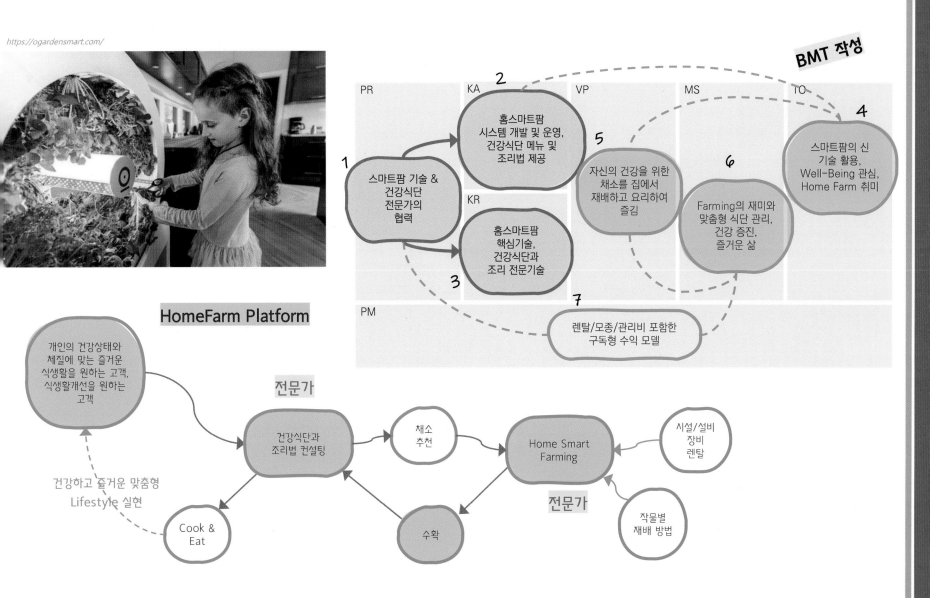

https://ogardensmart.com/

BMT 작성

PR　　　　　　KA　　　　　　VP　　　　　MS　　　　　　TO

2
홈스마트팜
시스템 개발 및 운영,
건강식단 메뉴 및
조리법 제공

1
스마트팜 기술 &
건강식단
전문가의
협력

KR
홈스마트팜
핵심기술,
건강식단과
조리 전문기술

5
자신의 건강을 위한
채소를 집에서
재배하고 요리하여
즐김

6
Farming의 재미와
맞춤형 식단 관리,
건강 증진,
즐거운 삶

4
스마트팜의 신
기술 활용,
Well-Being 관심,
Home Farm 취미

3

PM

7
렌탈/모종/관리비 포함한
구독형 수익 모델

HomeFarm Platform

개인의 건강상태와
체질에 맞는 즐거운
식생활을 원하는 고객,
식생활개선을 원하는
고객

전문가

건강식단과
조리법 컨설팅

채소
추천

Home Smart
Farming

시설/설비
장비
렌탈

건강하고 즐거운 맞춤형
Lifestyle 실현

Cook &
Eat

수확

전문가

작물별
재배 방법

167

수익주도: 공식파괴
"CustOwner"

Step 1
Issues 선정

장기적인 고객 유지를 통한
새로운 수익모델 개발

Step 2
3Drivers PreBS

가치주도

고객과 함께 성장하는 기업,
동반성장의 가치 제안

자원주도

고객과 파트너십 관계 형성

수익주도

'기업-고객' 이라는
일차원적 관계의 수익구조
파괴

Driver

Step 3
Driver 선정

Focus

Step 4
Focus 선정

Features

Step 5
Pattern 선정

Step 6
BMT 작성

"수익주도", "수익모델", "공식파괴"의 Driver-Focus-Pattern 선정

'기업-고객'의 일차원적 관계에서 나아가, 고객이 기업의 주주로서 주거래 고객이 되어
고정적 수익을 창출하고,
기업의 성장이 주식의 가치를 높여 주주고객과 함께 '동반성장'하는 새로운 수익모델

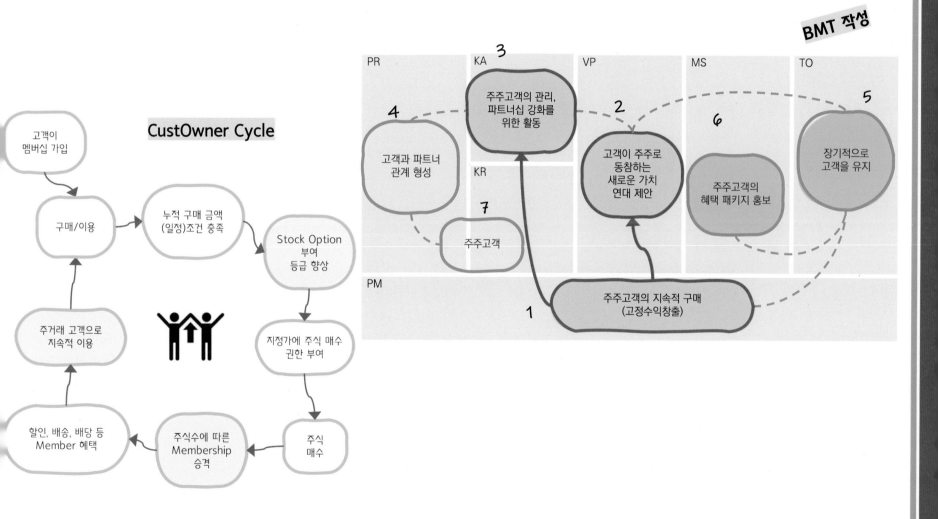

CustOwner Cycle

고객이 멤버십 가입

구매/이용

누적 구매 금액 (일정)조건 충족

Stock Option 부여 등급 향상

주거래 고객으로 지속적 이용

할인, 배송, 배당 등 Member 혜택

주식수에 따른 Membership 승격

주식 매수

지정가에 주식 매수 권한 부여

BMT 작성

PR   KA   VP   MS   TO

3 주주고객의 관리, 파트너십 강화를 위한 활동

4 고객과 파트너 관계 형성

KR

7 주주고객

2 고객이 주주로 동참하는 새로운 가치 연대 제안

6 주주고객의 혜택 패키지 홍보

5 장기적으로 고객을 유지

PM

1 주주고객의 지속적 구매 (고정수익창출)

169

단계별 Templates

Step 1~6

Step 1.
이슈 선정

이슈 배경:

이슈 내용:

이슈 중요성/필요성:

기타:

Step 2.
3가지 Driver Pre-Brainstorming

가치 주도

자원 주도

수익 주도

자원 주도(Resource-Driven)　가치 주도(Value-Driven)

6 파트너관계(PR)	4 핵심활동(KA)	1 가치제안(VP)	3 마케팅전략(MS)	2 타겟기회(TO)

6 파트너관계(PR)

어떤 전략적 협업이 혁신을 촉진하는가?

Win-Win관계가 가능한가?

새로운 파트너 혹은 경쟁자와의 파트너쉽이 가능한가?

4 핵심활동(KA)

가치제공을 위한 핵심활동은 무엇인가?

고객관리를 위한 활동은?

채널확보를 위한 활동은?

수익을 위한 활동은?

5 핵심자원(KR)

비즈니스 실행의 동력자원은 무엇인가?

기술을 보유하고 있는가?

사용자 베이스가 있는가?
디지털 자원이 있는가?

1 가치제안(VP)

고객에게 어떤 가치를 제안할 것인가?

이 가치는 고객입장에서 분명한 우위가 있는가?

3 마케팅전략(MS)

어떤 고객이 대상인가?

고객 확보를 위한 전략이 무엇인가?

가치전달을 위한 전략은 무엇인가?

고객과의 관계 유지를 위한 전략은 무엇인가?

2 타겟기회(TO)

고객의 중요한 요구나 어려운 문제는 무엇인가?

시장과 기술에 새로운 변화는 무엇인가?

어떤 포인트에 큰 기회가 있는가?

7 수익모델(PM)

더 큰 수익을 창출하기 위한 수익구조는 무엇인가?

지속적으로 수익 창출이 가능한가?

적절한 비용구조를 유지할 수 있는가?

수익 주도(Profit-Driven)

Step 3.
Driver 선정

선정 아이디어와 타당성

Step 4.
Driver 내 Focus 선정, 1차 BS

Driver 내 아이디어들

Driver 내 다른 Focus와의 관계

Step 5.
주도적 Pattern 선정, 2차 BS

선정 아이디어와 타당성

Step 6.
7Block BMT 작성

PR	KA	VP	MS	TO
	KR			

PM

맺음말

많은 기업의 임직원들이 다음과 같이 생각하고 믿습니다:
"우리 기업은 현재 최선을 다 해서 열심히 일을 하고 있다."
옳은 생각이고 믿음입니다.
그런데 많은 기업들이 이러한 생각과 믿음을 실천에 옮겨왔지만,
갈수록 더 많은 기업이 성장이 멈추고 결국 사라지고 있습니다.
왜 그럴까요?
뭔가 위의 것만으로는 부족하기 때문입니다.
무엇이 부족한 것일까 오랜 시간 교육 및 연구와 자문을 통해서 고민했습니다.
어느 날 알게 되었습니다.
"열심히 일하는 것"때문이라는 것…
"열심히 일"은 기업이나 개인이나 모두가 하고 있는 것입니다.
따라서 이것만으로는 부족한 것이지요.
더 필요한 한가지는 바로
"새로운 일도 잘 하는 것"입니다.
이것이 바로 〈혁신〉입니다.

우리는 대개 변화를 두려워 합니다.

지금껏 해온 것에 매달려 그것만 보고, 다른 것은 들여다보지 않는 경우가 많습니다.

심지어 누군가 새로운 것에 관심을 갖거나 그것을 실제로 시도하고자 하면

만류를 하기도 하지요.

우리는 지금까지와는 다른, 새로운 세상을 맞이하고 있습니다.

평생을 한 가지만 해서는 살기 힘든 시대입니다.

이것은 개인이나 기업이나 모두 마찬가지 입니다.

기업의 명제처럼 '존속하는 기업'을 위해서는 비즈니스 모델을 끊임없이 점검하고, 피봇하고,

새로운 시대를 맞을 준비를 해야 합니다.

그러기 위해서는 '혁신'은 피할 수 없는 숙명입니다.

혁신을 위한 첫걸음은 변화를 두려워 하지 않는 것입니다.

실패를 할 수도 있습니다. 그렇지만 실패에서 끝나면 정말 실패가 됩니다.

실패로부터 지혜를 얻으면, 그것은 더이상 실패가 아닙니다.

무엇이든 좋습니다.

이제, 변화를 시도할 때입니다.

혁신 다이내믹스 2.0

초판 1쇄 인쇄 | 2020년 11월 25일
초판 1쇄 발행 | 2020년 11월 30일
지은이 | 김수영 · 조유정
발행인 | 임순재
발행처 | (주)한올출판사
등록번호 | 제11-403호
주소 | 서울시 마포구 모래내로 83(성산동 한올빌딩 3층)
전화 | 02-376-4298(대표)
팩스 | 02-302-8073
홈페이지 | www.hanol.co.kr
e-메 일 | hanol@hanol.co.kr

ISBN   979-11-6647-008-0